BIBLIOTHÈQUE
DE PHILOSOPHIE CONTEMPORAINE

LA DOUBLE FONCTION

DU LANGAGE

PAR

FR. PAULHAN

PARIS
LIBRAIRIE FÉLIX ALCAN
108, BOULEVARD SAINT-GERMAIN, 108

LA DOUBLE FONCTION DU LANGAGE

LA DOUBLE FONCTION DU LANGAGE

PAR

Fr. PAULHAN

PARIS

LIBRAIRIE FÉLIX ALCAN

108, Boulevard Saint-Germain, VIᵉ

1929

LA DOUBLE FONCTION DU LANGAGE

CHAPITRE PREMIER

Signification et suggestion

§ 1. — Indication des fonctions du langage.

L'utilité du langage est variable et diverse. Assurément l'un de ses rôles est de communiquer à autrui notre pensée au sens large du mot, notre état mental, nos perceptions et nos images, nos idées, nos émotions et nos sentiments. C'est le côté le plus connu, le plus étudié de cet ensemble de faits qui constituent le langage ou qui s'y rattachent.

Cette communication a sans doute été d'abord involontaire, si, comme il semble, l'origine du langage se trouve dans le cri. Le cri, expression et signe d'un état mental et physiologique, se place dans ce groupe de phénomènes qu'on appelle l'expression des émotions.

Ces faits en général, et le cri en particulier, sont évidemment des signes. C'est comme tels qu'ils peuvent agir au dehors. La « signification » est la première fonction essentielle du langage ou du moins des phénomènes qui précèdent le langage, qui en sont l'amorce et le point de départ.

Le langage se développe, sa fonction se précise et se complique. Le signe est connu, ses effets ont pu être appréciés et recherchés, il est employé volontairement, à demi volontairement, par habitude et par instinct, en vue d'un but précis. C'est ainsi que nous employons

constamment des mots pour susciter en autrui un état
d'âme semblable à quelques égards à celui qui est en
nous, faire connaître nos perceptions, nos émotions,
nos désirs ou nos ordres.

Mais le langage n'en reste pas là. Quand les mots sont
employés comme signes, leur signification n'est pas
toujours de même nature, ni de même utilité. Le langage, plutôt qu'un moyen de communiquer notre état
d'âme, devient un moyen d'amener autrui à penser,
à sentir et à agir selon que nous le désirons. Le mot est
alors moins un signe qu'un moyen d'action interpsycho-
logique ou social. La fonction de signification est subordonnée à des fins pratiques, détournée de sa tendance
propre et spéciale. Il s'agit moins de faire participer
autrui à notre pensée et à nos sentiments que d'accorder
son activité avec la nôtre, de l'incliner dans le sens
que nous désirons. La fonction des signes employés, quels
qu'ils soient et qu'il s'agisse de mots, de gestes, d'attitudes, se transforme alors. Ces signes servent moins à
faire connaître la réalité qu'à disposer en telle ou telle
manière l'esprit de celui à qui on s'adresse. Et pour
arriver à ce but, on les emploie assez souvent, volontairement ou non, de manière à tromper celui que l'on
veut influencer. C'est en vue de ce cas qu'on a pu dire :
« Le langage a été donné à l'homme pour déguiser sa pensée. » Les mots sont, très souvent, bien moins le signe
d'une réalité déjà existante, que l'appel d'une réalité
future, préparée, mais non précisément représentée par
eux. Ils témoignent non point directement de ce que
sait ou sent celui qui parle, mais indirectement et souvent malgré lui, et non ouvertement, de ce qu'il désire.
Un homme débite des mensonges, des flatteries pour
se rendre intéressant et obtenir un secours. Les mots
qu'il emploie ne correspondent à aucune autre réalité

qu'à ses intentions de tromper autrui et de profiter de cette tromperie. Cette « signification » est en fait très différente de la première, malgré les analogies évidentes qui l'en rapprochent.

Mais le langage n'en reste pas là. Après sa fonction de signe et sa fonction de direction, une autre utilité se manifeste en lui, il tend à créer la pensée. Cette fonction nouvelle étroitement rattachée à la précédente est d'ailleurs, en un sens, assez confuse encore. Je veux dire que les effets en sont moins nets, moins réguliers, moins volontaires, la nature moins précise qu'ils ne sont pour le langage signe. Peut-être n'est-elle pas complètement différenciée et nous ignorons si elle le sera jamais. C'est la fonction de suggestion et de création que j'examinerai ici plus particulièrement.

Ainsi d'une part le mot apporte à l'esprit un sens, il est le signe d'une réalité psychologique, il désigne, il évoque un objet ou, si l'on préfère, une perception ou plutôt un système d'images, une idée ou un groupe d'idées, un sentiment, une compagnie d'impressions et souvent une société de faits différents et unis. Par là le langage est un ensemble de signes, et quelquefois de « substituts » comme disait Taine. Il établit pour sa part qui est relativement très grande, la communication des esprits, et assure jusqu'à un certain point leur similitude.

D'autre part, l'esprit donne un sens aux mots, et dans une certaine mesure, il crée ce sens. Le langage apporte à l'esprit non pas le signe d'une réalité, mais une occasion, une sorte de prétexte à inventer, à former des idées nouvelles, des images encore inconnues, à éprouver des impressions inusitées. Le langage est, par l'intermédiaire de l'activité mentale, créateur de pensée.

L'esprit se répète, il répète les autres continuellement, continuellement aussi il innove et il crée. C'est un fait général dont le langage nous offre des formes particulières.

Bien entendu les différentes fonctions du langage se combinent et s'unissent. Elles s'amalgament parfois très étroitement. La même parole entendue par deux personnes ne sera peut-être pour l'une qu'un signe exact et précis tandis qu'elle sera pour l'autre une occasion d'erreur, de rêve, de pensée nouvelle, de création féconde. Le résultat de ces combinaisons est naturellement très différent selon les circonstances et de valeur très variable. Il n'est pas inutile de revenir sur la première fonction du langage pour bien comprendre l'autre et surtout l'ensemble que forme leur union.

§ 2. — LE LANGAGE COMME SYSTÈME DE SIGNES

Un chien gémit parce qu'une voiture lui a écrasé la patte, un bébé crie parce qu'il a faim, une acheteuse vexée dit à une fruitière : « vos abricots sont trop chers ». Voilà trois exemples de ces faits innombrables où des réactions spontanées, dues à des mécanismes héréditaires ou acquis par l'individu, sont des signes de son état d'âme. Utilisées, employées volontairement elles sont des langages. Et si elles n'ont pas été créées pour l'être, elles ne tardent pas, bien souvent, à le devenir. L'enfant, même très peu de temps après sa naissance, ne crie pas seulement par instinct, par réflexe, mais pour faire connaître son état et surtout pour obtenir ce qu'il désire. En bien des cas, il sait fort bien s'épargner une peine inutile et renoncer à crier si ses cris ne lui procurent point la sensation désirée.

Ces tout petits faits, très communs, très connus, laissent entrevoir à la fois les antécédents du vrai langage, sa naissance, son développement, les causes de ses transformations et de ses perversions aussi. Un état de l'organisme et de l'esprit se traduit par un certain nombre de faits faciles à reproduire et qu'il est, en bien des cas, possible de réprimer. Ces signes extérieurs attirent tantôt un soulagement, une aide, un concours précieux, tantôt des désagréments plus ou moins graves, parfois aussi ils n'entraînent aucune conséquence intéressante et peuvent n'être qu'un simple gaspillage de force.

De là, conformément à la loi de l'association systématique, le développement, d'une part, de tendances à manifester par des signes divers, gestes, cris, paroles, écriture, des états intérieurs sur lesquels les dispositions d'autrui et les actes d'autrui peuvent avoir quelque action ou dont la libre manifestation est par elle-même un soulagement ; d'autre part, des tendances à retenir ces signes, à en prévenir la production. C'est l'apprentissage de l'immobilité, du silence. Le voleur qui veille à ne faire aucun bruit, l'enfant qui s'abstient de cris inutiles ou présages de gronderies et de punitions, l'homme qui se retient d'exprimer ou de laisser paraître une impression qui ne lui vaudrait que malveillance ou moquerie, s'efforcent de l'utiliser. Et il est assez intéressant de voir comment en des cas dont l'interprétation est facile, s'affaiblissent certaines formes de langage, naturelles et conventionnelles à la fois. « On peut, a noté G. Dumas, sinon séparer l'apport social de l'apport physiologique, du moins se représenter très approximativement les résultats d'une pareille séparation en regardant des aveugles nés causer, jouer, discuter, écouter des leçons, répondre à des questions de classe ; c'est ce que j'ai fait à l'Institution nationale des jeunes aveugles.

« Comme la mimique de l'œil est nulle et que la

mimique de la bouche, du front, des joues, reste rudimentaire du fait qu'elle n'est pas provoquée et sou-
tenue par l'imitation visuelle, on n'a presque plus
d'expressions socialisées et les expressions physiologi-
ques elles-mêmes ne sont plus pénétrées de mimique et
se marquent à peine, au moins dans la série banale des
événements quotidiens. Ce qui frappe le plus un clair-
voyant qui circule pour la première fois dans la maison,
c'est l'immobilité relative des masques.[1] » Ainsi, jusqu'à
un certain point, les signes utiles tendent à persister
et à se multiplier, les signes inutiles à disparaître, s'ils
se sont produits.

Et il est aisé de voir que la mimique et le langage
vont aussi se pervertir. La dissimulation est voisine
du mensonge. Elle est déjà une sorte de mensonge, un
« mensonge par omission ». Retenir les signes, gestes
ou mots, qui traduiraient notre état d'âme trompe parfois aussi bien qu'employer des signes indiquant un état
d'âme qui n'existe pas mais à la réalité duquel on veut
que les autres croient. Ce dernier procédé, le mensonge
direct, s'insinue assez bien dans le langage par gestes,
par jeux de physionomie, par attitudes, par cris, mais
il est incontestable que le langage parlé et le langage
écrit l'ont singulièrement perfectionné.

Dans ces cas de simulation, de tromperie plus ou moins
voulue, le langage n'est plus un signe au même sens qu'il
l'était jusqu'ici. Le mot, la phrase, le geste n'ont plus
leur signification ordinaire, plus ou moins naturelle et
conventionnelle, et le sens qu'ils paraissent avoir et
que celui qui les emploie désire qu'on leur attribue.
« Oui » n'est plus oui, « non » n'est plus non. Il ne sont

1. Dr. G. Dumas, *Les méthodes dans l'étude de l'expresssion des
émotions, Revue philosophique,* juillet-août, 1926, p. 148-149.

plus les signes qu'on veut qu'ils soient. Ils ont encore un sens, si l'on y tient, ils sont l'expression d'un désir de tromper. Si le menteur est maladroit, si son interlocuteur est perspicace, il se peut bien que ces faux signes soient perçus pour ce qu'ils sont réellement mais alors ils sont des signes au sens où tout est un signe, puisque tout a sa cause et, à certains égards, la manifeste à l'esprit capable d'y remonter. D'autre part, ils sont présentés comme des signes s'acquittant de leur fonction ordinaire et normale. La fonction du langage se complique et se transforme, en se pervertissant. Elle peut, en d'autres cas et pour d'autres raisons se transformer encore davantage. Ce qu'elle a de particulier ici c'est qu'en se transformant elle doit sembler rester la même, et que les mots qui ne sont plus en réalité des signes doivent être accueillis comme s'ils en étaient toujours, et faire à certains égards l'office des signes réels, comme le flacon vide qu'on donne à téter à un enfant pour l'empêcher de crier.

Revenons au cas où les mots sont vraiment des signes : ces cas sont très nombreux évidemment, quoique moins qu'on ne le suppose par instinct ou par convenance. Que le langage serve à l'homme à communiquer sa pensée, ses impressions, ses désirs, sa volonté, il n'y a pas à le démontrer et nous pourrions, s'il le fallait, nous en assurer à chaque instant. Remarquons seulement que cette fonction du langage en se compliquant, en se pervertissant, le conduit à une fonction plus générale que nous n'avons fait, jusqu'ici, qu'entrevoir.

Dans la vie sociale, le rôle du langage signe est assez clair. Il assure jusqu'à un certain point, en leur permettant plus de richesse et de complication, en les nuançant bien plus finement, l'identité partielle, la ressemblance des connaissances, des images, des idées, des croyances, la convergence des opinions et des impressions, l'harmonie des actes. Cette ressemblance est nécessaire à la vie sociale, au moins la facilite-t-elle. Les divers emplois sociaux utilisent, exigent sans doute des mentalités différentes, parfois même opposées et contradictoires. Une mère de famille, un prêtre, un officier, un magistrat, un acteur, un bourreau n'ont pas les mêmes idées, les mêmes opinions, les mêmes goûts. Mais ces différences se détachent sur un fond commun, sur un ensemble de connaissances et d'habitudes abstraites qui se complètent, qui doivent s'harmoniser et qui par quelques côtés se ressemblent. Il est bon ou nécessaire que tous les membres d'un même groupe social, tous les sociétaires chargés d'une fonction semblable (tous les Français, tous les magistrats, tous les ingénieurs) aient un certain nombre de croyances, de connaissances, de sentiments communs. Le langage y collabore avec une imparfaite mais réelle efficacité et en des manières bien variées, sur lesquelles je n'ai pas à insister ici, mais où les mots et les phrases sont des signes de réalités plus ou moins bien compris.

§ 3. — Le langage comme moyen de réussite

Si ces réalités sont plus ou moins bien comprises, les idées que l'on s'en forme sont donc plus ou moins justes, c'est-à-dire plus ou moins erronées. Entre l'erreur et le mensonge des rapprochements s'imposent. Dans l'une comme dans l'autre les mots cessent d'être des signes au sens d'abord considéré. Et ceci demande à être examiné de plus près.

Dans l'erreur et dans le mensonge, le mot n'est plus, en réalité, le signe de la réalité affirmée. Il ne représente plus que la pensée ou une partie de la pensée qui se manifeste par lui. Si un physiologiste annonce à tort que ses expériences lui ont montré des générations spontanées d'animaux microscopiques, les mots, les phrases par lesquels il annonce ses découvertes représentent assez fidèlement sa pensée. Mais en même temps, ils sont donnés pour représenter toute une série de faits (constatations, perceptions possibles dans certaines conditions) qui n'existent pas en réalité, qui n'ont pas existé, qui ne peuvent se produire. C'est ce que montrent, admettons-le, les expériences de son adversaire dont le discours signifie d'autres perceptions que les perceptions annoncées par le premier savant dans les conditions qu'il indiquait. Les phrases de celui-ci ne représentent donc en réalité rien de réel, elles ne signifient que l'état mental actuel de qui les prononce, non les états possibles, les perceptions conditionnelles qu'elles prétendent annoncer. C'est ainsi qu'un explorateur en plantant le drapeau de son pays sur une terre qu'il croit libre, mais qui appartient déjà à quelque autre peuple, ne signifie exactement, par son geste symbolique, que sa croyance du moment, mais pas du tout la prise de possession qu'il semble indiquer et tout le cortège de faits qu'elle implique et qui la constituent. (Si, bien entendu, sa nation n'est pas disposée à soutenir par une guerre l'usurpation commise, mais, en fait de science, une usurpation n'est jamais légitimée par la force — quoiqu'il se passe parfois des événements, quoiqu'il se produise des courants de croyance qui ressemblent bien à une usurpation heureuse.)

Lorsque les mots ne représentent pas ce qu'ils ont mission d'annoncer, ils peuvent quand même en répandre l'image, déterminer de fausses convictions, comme le drapeau indûment planté pourrait faire croire à de nouveaux arrivants qu'il garde son sens plein et entier.

L'erreur et le mensonge se répandent souvent aussi bien et parfois beaucoup mieux que la vérité. Ils la préparent à l'occasion et lui sont peut-être nécessaires en ce sens qu'ils lui frayent la voie. En tout cas, ils déterminent très souvent des idées, des convictions, des impressions plus ou moins durables, efficaces parfois et puissantes. Ils suggèrent toute sorte d'attitudes mentales. Le rôle de signification du mot se voit remplacé par un rôle de suggestion. Les phrases, qui en fait ne représentent pas ce qu'elles sont censées représenter, vont tout de même orienter, informer, diriger les esprits en qui elles tombent. Le langage signe fait place au langage suggestion. Assurément la fonction de suggestion se joint à la fonction du signe mais elle subsiste et prend toute la place quand la qualité de signe disparaît.

Elle la prend encore quand le signe est mal compris, quand l'erreur se produit non chez celui qui emploie le signe, mais chez celui qui le reçoit. Elle le prend quand les mots, au lieu d'exprimer une réalité deviennent selon la volonté plus ou moins consciente du parleur ou de l'écrivain, et sans qu'il y ait mensonge au sens strict du mot, un moyen d'agir plutôt qu'une simple communication. L'effet normal du langage signe est de rendre semblables sur un point donné l'esprit de celui qui s'en sert et l'esprit de celui qui le reçoit. Mais ce langage est aussi employé pour établir non plus des ressemblances, mais des différences, des distinctions, ou bien il y arrive sans qu'un dessein préformé l'y conduise. Il fait prévaloir une volonté de puissance, il accroît ou perfectionne la division du travail social, la division des croyances, des opinions et des pratiques.

On peut considérer comme une transition entre le langage signe et le langage suggestion le groupe des faits où le langage exprime une volonté, impose un ordre. Ici les mots sont des signes en tant qu'ils traduisent exactement un état d'âme et tendent à faire naître chez autrui un autre état qui lui ressemble. Mais l'état d'âme qu'ils doivent suggérer tout en ressemblant par quelques côtés à celui qu'ils représentent doit en différer essentiellement par d'autres.

Il lui ressemble en tant que celui qui reçoit l'ordre se forme une idée exacte de cet ordre, de la pensée de celui qui le donne. Il en diffère en ce que donner un ordre est très différent de le recevoir et de l'accepter, et, à certains égards, en est exactement le contraire. Les deux états d'âme sont systématisés entre eux, complémentaires, mais c'est leur différence aussi bien que leur ressemblance qui les harmonise. L'état d'âme de celui qui obéit doit reproduire aussi exactement que possible la pensée que désire lui communiquer celui qui commande, mais il doit, quant à l'attitude à prendre vis-à-vis de cette pensée, différer de lui, s'opposer à lui pour pouvoir le compléter. Et il peut arriver que l'imitation soit trop étendue, qu'elle soit même l'inverse de ce qu'elle devrait être pour assurer la systématisation des deux esprits. Celui qui reçoit l'ordre peut reproduire en lui beaucoup moins l'idée de l'acte à accomplir que le désir de commander et d'être un chef lui-même. Il peut avoir compris les mots en tant que signes, mais l'effet suggestif du langage ne se sera pas produit en lui, et cet effet était une part essentielle du résultat poursuivi.

Les mots sont donc encore des signes ici, mais ils sont aussi autre chose. Ils ne tendent plus simplement à faire connaître mais à faire agir, à reproduire et à symboliser une réalité déjà existante, mais à créer une réalité nouvelle, leur rôle n'est plus d'identifier, d'assimiler les esprits, mais, au contraire, de les différencier.

Dans tous les cas de ce genre, il ne s'agit plus seulement de susciter un état d'âme semblable à un état donné, mais surtout de suggérer un état d'âme qui se conforme à celui-ci, qui, pour s'y conformer, lui ressemble sur quelques points en même temps qu'il en diffère sur d'autres, et la différence n'est pas moins essentielle que la ressemblance. Il importe souvent assez peu à celui qui donne un ordre ou exprime un désir que l'on ait bien compris ce désir ou cet ordre si l'on ne satisfait pas celui-là ou si l'on n'exécute pas celui-ci.

Un exemple bien simple : l'enfant qui ment pour éviter une punition, une gronderie, cherche à créer chez ses parents une idée, une croyance qui soit exactement le contraire de la sienne, tout en en reproduisant souvent certains éléments, mais qui s'accorde pleinement avec ce qu'il désire, en dissimulant ce désir. Il veut aussi déterminer en eux un état d'âme (sympathie, indulgence, estime, bienveillance, etc.) qui n'est pas du tout le sien, mais qui s'ajuste, à son propre désir en réalisant quelques-unes de ses idées plus ou moins nettes. Le langage est ici créateur d'illusion, il ne vise pas à reproduire, à « signifier », ou du moins ce n'est pas là sa fonction essentielle et on peut dire que à certains égards, il tend directement à l'opposé. Les mots doivent ici créer un monde fictif capable de satisfaire les désirs de celui qui les emploie sans révéler ses pensées et, au contraire, en les dissimulant. Il est bien entendu d'ailleurs qu'ils ne peuvent le faire qu'en ayant un sens, c'est-à-dire en paraissant être ce qu'ils ne sont plus : les signes d'une réalité qui n'existe pas.

Les faits de ce genre sont de tous les moments. Et peut-être les jugera-t-on plus nombreux et, en un sens, plus essentiels que ceux du langage signe, où les mots servent seulement à communiquer une pensée, des images, des émotions ou des idées.

Le besoin social d'harmonie entre les individus semble en général bien moins exiger du langage la communication de la pensée, l'établissement d'une similitude dans les esprits que l'harmonie, la coordination des états d'âme. Et le premier résultat n'a guère de valeur qu'en tant qu'il est capable de produire ou de faciliter le second. Il s'agit moins de renseigner les autres au moyen de signes que de les amener à sa voir, à penser, à sentir, à se conduire comme nous le désirons, ou comme l'ensemble social l'exige. La fonction simplement significative du langage est bien souvent subordonnée. Quelquefois comme nous le verrons, elle s'amoindrit ou disparaît.

Prenons encore un exemple qui nous montre le passage de la fonction significative à la fonction de suggestion, nous verrons mieux, je pense, que si les mots gardent, dans celle-ci, un sens, ce sens n'est plus le même que dans la fonction de signification.

Si un père dit à son enfant : la rivière est profonde à tel endroit, les mots ont une fonction de signe, de représentation bien nette ils symbolisent tout un ensemble de sensations passées, de représentations possibles, en même temps qu'ils peuvent faire prévoir des expériences virtuelles, ou orienter en diverses manières la conduite. Peut-être le père a-t-il pensé à garder l'enfant de quelque imprudence, mais il lui donne un renseignement qui peut servir à plusieurs fins, se combiner à des désirs de pêche, de natation, de curiosité, très variés. Il se peut qu'il n'ait pas, en parlant, une image précise de la rivière. Les mots la remplacent fort bien, ils servent à donner à l'enfant les idées que ces images ou les perceptions qui les ont produites pourraient suggérer. Peut-être n'y arriveront-ils qu'imparfaitement car les signes n'ont pas toujours la même vertu que les choses signifiées et les choses mêmes ne sont pas toujours bien comprises, leur rôle n'est pas moins clair et précis.

Mais si un père un peu retardataire, et sans doute mal avisé, menace son enfant de Croquemitaine pour le détourner de quelque sottise, bien que les apparences restent à peu près les mêmes et que les événements s'enchaînent de semblable manière, la fonction du langage est au fond assez différente. Les mots ici ne sont plus les signes d'une réalité, d'une croyance, d'une opinion, du moins de celles qu'ils prétendent indiquer. Ils ne vont guère qu'à faire naître dans l'esprit de l'enfant la tendance que le père juge bonne. Ils y tendent par un procédé exactement pareil à celui du mot employé comme signe. Si le père obtient le résultat visé, deux séries de phénomènes assez semblables se seront déroulées chez l'enfant. Il n'en reste pas moins que, dans un cas, les mots étaient des signes d'images, d'idées, de perceptions, d'images, de connaissances et que c'est à cette qualité de signes qu'ils doivent leur valeur réelle tandis que dans l'autre ils sont surtout des moyens de suggestions. Ils créent au moins en partie ce qu'ils sont censés représenter. Tous les détails qu'on pourra joindre à l'indication primitive pour répondre aux questions de l'enfant seront encore des mots suggestifs bien plutôt que des mots signes. Il se peut fort bien que le père n'ait qu'une idée confuse et pauvre de son épouvantail qui n'est guère pour lui qu'un ensemble de mots et de phrases. Il s'agit surtout de faire naître et agir la peur.

Suffirait-il donc que le père crût réellement à Croquemitaine pour que le langage revînt à la signification ou que l'épouvantail fût manœuvré par un frère un peu trop crédule ? Peut-on dire que le sorcier qui menace de quelque vengeance occulte emploie le langage-signe s'il croit lui-même à son pouvoir et le langage-suggestion s'il n'est qu'un imposteur sceptique ? Il ne faudrait pas se laisser arrêter par cette conséquence. Un drapeau n'a pas le même genre de fonction s'il est porté dans quelque circonstance officielle par quelqu'un qui croit aux forces et aux sentiments, aux réalités sociales qu'il représente, ou par quelqu'un qui l'emporte chez lui pour l'arborer à la fenêtre de sa maison de campagne afin d'y signaler sa présence. On le salue lorsqu'il passe au milieu d'un régiment, non lorsqu'on l'aperçoit à la devanture d'un bazar.

Mais des remarques de ce genre nous amènent au moins à contater comment les différentes fonctions du langage se mêlent et peuvent en certains cas paraître se confondre.

La fonction suggestive du langage, plus ou moins rapprochée de sa fonction de signification, plus ou moins mêlée à celle-ci, est continuellement en jeu. Souvent le mot amené par la tendance et destiné à la suggestion paraît précéder la pensée, la diriger, la créer. Il ne se borne pas à représenter la tendance ou l'idée abstraite qui l'appelle, il la fixe, il la traduit, il la complète, il en développe les éléments et les conséquences, il évoque les idées de détail capables de l'enrichir ou de la défendre et, dans une exhortation ou dans une discussion, de la rendre peut-être efficace et victorieuse.

Un auteur que j'ai plaisir à citer ici pour plusieurs raisons, entre autres parce que son écrit a été l'un des points de départ de cette étude, encore que j'entende autrement que lui, si je ne me trompe, l'ensemble des faits, dit, après avoir exposé ce qu'il juge l'idée commune des rapports du mot et de l'idée : « cette façon de voir entraîne quelque obscurité ; il devient délicat d'expliquer que l'idée parfois même le mot, sorte de lui, le traduise. Célia qui tâche à expliquer au médecin le mal dont souffre sa petite-fille, à mesure qu'elle parle, découvre sa crainte véritable et s'étonne d'elle-même. Atys, lorsqu'il est parvenu à dire à Chryse : « Alors tu as menti », chacun d'eux recompose à partir du mot sa réelle pensée. Une idée est signe ici de ce mot, et manière de la partager, loin qu'un mot le soit de l'idée. De tel poëte encore nous savons qu'il est jeté parmi les mots, les presse, les écoute, les attend[1] ». Et nous entrevoyons ici de plus près la fonction suggestive des mots non seulement par rapport à un interlocuteur, dans les relations interpsychologiques, mais aussi par rapport à la personne qui les emploie et dans l'intérieur d'un esprit.

Le langage suggestif développe la pensée plus qu'il ne la crée. C'est ce qui paraît ressortir des quelques faits indiqués déjà. Il la précise, il la rend plus nette, plus intelligible, plus consciente, plus complexe aussi et plus diverse, chez celui qui l'emploie. Chez celui qui la reçoit, tout en lui transmettant une part de la pensée du parleur ou de l'écrivain, il suscite essentiellement des images, des impressions, des émotions qu'il n'implique pas logiquement, qu'il ne « signifie » pas par lui-même, qui peuvent fort bien n'être pas prévus ni voulus avec précision. Si tout cela ne constitue pas absolument une création, cela y tend, cela s'en rapproche et peut sans doute y parvenir car la création d'une idée est toujours une chose relative, qui comporte d'innombrables degrés et se relie par eux à la simple transmis-

1. Jean Paulhan, *Jacob Cow le pirate*, ou *Si les mots sont des signes*, p. 12-13.

sion, à l'imitation, qui n'est non plus jamais complète, d'un esprit par un autre esprit. Le langage est une sorte de télégraphie sans fil qui va reproduire dans un esprit un phénomène qui se passe dans un autre, mais qui le reproduit très inégalement selon les cas. Le langage signe se rapproche le plus de la reproduction pure et simple qui n'est jamais parfaite. Le langage suggestion suscite autour de la parcelle de pensée reproduite — parfois considérablement modifiée — une quantité variable de faits. Et ce sont ces faits secondairement déterminés qui font l'importance de la communication.

§ 4. — LANGAGE ET SUGGESTION

Quelques nouveaux exemples pourront, j'espère, préciser mieux la nature des différentes fonctions du langage, et montrer comment le langage suggestion est tout autre chose que le langage signe. Une phrase comme « deux et deux font quatre » ou « Louis XIV mourut en 1715 » est significative beaucoup plus que suggestive. Si elle produit cependant quelque suggestion, ce qui peut arriver, c'est grâce à un concours particulier de circonstances et par une sorte d'accident. Le caractère de signe ou de suggestion n'est pas, en effet, attaché à tel ou tel mot, à telle ou telle phrase par un lien définitif et des rapports invariables. La même phrase, le même mot seront signes ou suggestions selon les circonstances, selon l'intention de qui les prononce, selon la mentalité de qui les reçoit. Il n'en reste pas moins que dans une société donnée, une époque donnée, il est des mots et des phrases dont le sort est plutôt d'exprimer avec précision un fait, de transmettre avec exactitude une idée, une impression ou une image, et dont la fonction doit généralement s'arrêter là. D'autres mots, d'autres arrangements de mots, au contraire, vont éveiller de longues séries d'impressions, d'idées, de sentiments, de rêveries ou d'actes. Un théorème de géométrie comporte surtout le langage signe (encore que pour certains esprits il puisse être une suggestion puissante). Une poésie au contraire emploie généralement le langage suggestion — encore qu'elle puisse n'être parfois pour certains esprits qu'un ensemble de signes plus ou moins bien interprétés.

Pensons à des vers comme :

Le fond des bois et leur vaste silence

ou :

Et comme un jour les vents retenant leur haleine
Laissaient paisiblement aborder les vaisseaux.....

ou bien :

Dieux ! que ne suis-je assise à l'ombre des forêts !

ou encore :

Lieux charmants où mon cœur vous avait adorée.....

La fonction significative du mot y existe certes encore. Les mots représentent des objets extérieurs, des images, des sentiments. Mais la fonction suggestive s'y montre, s'y développe, s'y révèle essentielle. Il ne s'agit pas seulement de comprendre ici, il faut aussi sentir, penser, rêver. Des vers pareils évoquent en même temps que les réalités exprimées par les mots, des impressions, des images, des idées qui ne sont pas absolument signifiées par eux, qui peuvent aussi bien varier d'un lecteur à l'autre. Les auteurs n'avaient peut-être pas voulu les suggérer, étant impressionnés d'une autre manière ou peut-être même, et cela est en certains cas très vraisemblable, n'ayant cherché qu'à dire comme ils le pouvaient ce qu'ils voulaient dire; s'ils y avaient pensé ils auraient cru peut-être n'employer que le langage signe. Pour nous, c'est en tant que suggestifs que leurs vers prennent tout leur prix : en tant que signes ils nous laisseraient presque indifférents. Si La Fontaine avait dit : « un jour qu'il ne faisait pas de vent », et Racine, par la voix de Phèdre ; « je voudrais être ailleurs », le sens serait à peu près le même, la fonction signe n'aurait guère varié, mais la valeur suggestive des mots aurait disparu, et personne ne songerait à les remarquer ces phrases, sinon peut-être pour leur platitude et leur pauvreté.

Mais la fonction suggestive du langage peut s'avancer encore, se mieux séparer de sa fonction significative, faire entrevoir de plus près la création possible de la pensée par le langage. Un mot qui ne désigne rien de bien précis, que même l'on n'entend guère, suggérera des images, des idées, éveillera des impressions assez vives, et ira peut-être déchaîner des passions dangereuses. Le mot est le point de départ de rêves, le fondement d'édifices mentaux plus ou moins riches, plus ou moins grandioses ou légers, plus ou moins solides et durables. Le mot peut, tout en ne désignant rien, au moins au premier moment, suggérer beaucoup, pousser l'esprit à sentir, à penser, à agir selon sa nature propre; son effet variera selon l'esprit sur lequel il va tomber. Chacun bâtira son édifice selon ses goûts et selon ses forces. Plus qu'un signe, le mot aura été un excitant. C'est l'affaire de celui qui le lance de prévoir l'effet qu'il produira, de choisir le mot qu'il faut selon les circonstances et de choisir aussi, s'il le peut, ceux qui le recevront. Assez souvent ses prévisions réussissent et la vie sociale est tissée de pareilles manœuvres. Souvent aussi les mots agissent en dehors de toute intention, ou contre le désir de celui qui les emploie. Le hasard qui les dissémine provoquera la naissance, la poussée, la floraison d'idées et de sentiments imprévus que la vie sociale accueille parfois, assemble, fait prospérer et rend puissants.

En tout cela la fonction significative du mot se déploie fort peu. Il agit parfois dans la direction opposée à celle qu'indiquerait son sens normal. Il est un prétexte, une occasion pour ceux qui le perçoivent, de développer leur pensée secrète, de débrider des sentiments que parfois ils ignorent eux-mêmes. L'on ne voit pas toujours bien pourquoi il en est ainsi. et le résultat paraît surprenant, hors de toute proportion avec la cause apparente.

« Je n'aime pas cela », dit Iago, et voilà que s'éveillent en Othello l'inquiétude, le soupçon que va suivre une horrible tragédie, des désespoirs, des pleurs, des meurtres. Que désigne pourtant le mot de Iago ? Peu de chose. Mais il suggère la méfiance, provoque les questions, appelle la naissance et le développement de l'idée monstrueuse dont Othello ne se débarrassera plus. Un seul mot, une phrase d'apparence inoffensive, lancée à propos, peut ainsi devenir le point de départ de toute une évolution, non pas signifier, mais suggérer des systèmes compliqués d'idées, d'images, d'émotions douces ou violentes, d'actes parfois irréparables.

Iago réussit. Mais bien souvent les mots, les phrases qui réussissent le mieux agissent et développent leurs effets en dehors des intentions de leur auteur, parfois contre ces intentions. Ce que suggèrent les mots est souvent contraire à ce qu'il pense et à ce qu'il veut, tout au moins son idée et son sentiment y sont plus ou moins dénaturés, parfois bien étrangement. La fonction suggestive du langage abonde en résultats imprévus, elle est à la fois nécessaire et dangereuse, utile et terrible, délicieuse et déconcertante. Nous avons souvent l'occasion de nous en apercevoir « De l'*Imitation* », de l'Évangile même, dit Michelet, le « charme est plutôt celui d'une lune mélancolique que d'un fécond soleil; c'est le temps du repos c'est l'astre aimé des morts. Dormez et laissez faire à Dieu », et il ajoute : « Tout au contraire, Luther, qui croit ressusciter cette doctrine, qui en dit, redit les paroles, commence pour le monde un âge de bruyante et vive action. Ainsi l'effet fut tout le contraire de celui des mystiques. Tant vaut l'homme, tant vaut la doctrine. Celle-ci, prêchée dans la langueur, dans les tendances équivoques, était la mollesse même, l'énervation de l'âme. Proclamée de cette voix pure et forte, candide, héroïque, elle fut le pain des forts, un cordial avant la bataille. Malentendu sublime ! Le peuple entend mieux qu'on ne dit. Il prit l'air plus que les paroles et dans l'air était le vrai sens. Quand, de sa voix tonnante à faire crouler les trônes, Luther criait : *L'homme n'est rien*, le peuple entendait : *L'homme est tout* [1].» Je ne dis point qu'il n'y aurait

____

1. Michelet, *Histoire de France*, X, 109-110.

pas à discuter, à fouiller quelques-unes des asser-
tions de Michelet (quand ce ne serait que : le peuple
entend mieux qu'on ne dit). Mais le procédé qu'il
mentionne est bien réel, et les malentendus, qui ne
sont que rarement « sublimes », sont très communs. Si
d'ailleurs on examinait ici, de notre point de vue, le
style de Michelet, on y retrouverait, je pense, sans
trop de peine, la fonction suggestive du langage,
l'emploi des mots, comme symboles de faits présentés
comme réels, sans doute, mais aussi comme excitants destinés à orienter la pensée, à réveiller les
passions et à diriger la conduite.

§ 5. — QUELQUES CAS PARTICULIERS DE SUGGESTIONS ET LEUR MÉCANISME

Il peut être intéressant d'examiner certains cas de
langage suggestion parce que leur mécanisme est assez
apparent. Comment la suggestion opère, c'est ce qui
n'est pas toujours visible, c'est ce qui est parfois
très obscur. Des questions se posent dont quelques-
unes n'obtiendront sans doute jamais une réponse
complète. L'étude des cas les plus clairs peut nous
permettre au moins de distinguer dans quel sens il
faut chercher l'intelligence des plus obscurs.

Quand il s'exerce consciemment et même souvent
lorsqu'il reste plus ou moins enfoncé dans l'incon-
science, le langage suggestion tend à susciter, plus
ou moins largement, chez le lecteur ou l'auditeur
les sentiments, les idées qui conviennent à celui qui
parle ou qui écrit, et qui doivent bien moins exprimer
sa pensée que former, réformer, déformer celle d'autrui. Ce n'est pas à dire que son action ne pour-

suive que des buts égoïstes, ni qu'elle s'exerce toujours du supérieur sur l'inférieur, du dirigeant sur le dirigé. Il se peut que le « suggéreur », l'inducteur si l'on préfère, cherche au contraire, volontairement ou non, à suggérer à son chef le sens des ordres qu'il doit donner, ou même simplement le mettre à même de donner ces ordres. Et il se peut que, sans le vouloir, en croyant ne se servir que de signes, il déclenche des suggestions imprévues. Peut-être aussi tentera-t-il de combattre certaines influences qu'il juge mauvaises, certaines tendances préconçues qu'il estime dangereuses en apportant moins de signes de faits précis que des excitants capables d'orienter convenablement l'esprit du chef.

La fonction suggestive du langage apparaît très clairement dans certains procédés courants, où la fonction significative est singulièrement transformée. Le mécanisme en est assez évident aussi et c'est par là que certains faits bien connus et fréquents, nous sont précieux. On peut examiner, de ce point de vue, l'ironie et l'allusion, procédés assez ordinaires du langage suggestion et qui ne sont pas forcément unis, mais qui s'associent assez fréquemment.

Racine a excellé dans leur emploi, et quelques-unes de ses épigrammes restent comme de savoureux exemples de l'une et de l'autre :

> Créqui prétend qu'Oreste est un pauvre homme
> Qui soutient mal le rang d'ambassadeur
> Et Créqui de ce rang connaît bien la splendeur,
> Si quelqu'un l'entend mieux, je l'irai dire à Rome.

Créqui, ambassadeur à Rome, y avait éprouvé de fâcheuses mésaventures. Quel est ici le rôle des mots ?

Leur fonction de signe n'est que le point de départ
de leur action. Ils la conservent, certes. Elle est nécessaire : il faut bien que les mots « rang », « splendeur », « Rome » désignent quelque chose, sans quoi,
dans le cas qui nous occupe, il serait bien vain de les
employer. (Ne généralisons pas trop. Il peut se faire
qu'un mot inventé qui ne désigne rien de bien précis
reçoive un pouvoir suggestif appréciable de sa forme,
de son allure, du son de ses voyelles et de ses con-
sonnes, de ses analogies avec d'autres mots et de
certaines circonstances particulières.)

Mais si les mots de l'épigramme ont une valeur de
signe, la phrase déploie surtout une force suggestive. Le sens qu'elle prend dans son ensemble et qui
lui donne son intérêt est tout autre chose que la
combinaison normale du sens des mots. Il est même
ici exactement le contraire. L'épigramme est com-
binée de façon que la phrase : « Et Créqui de ce
rang connaît bien la splendeur », suggère l'idée opposée
à celle qu'appellerait son emploi naturel et normal,
et suscite des impressions de plaisir malicieux, d'amu-
sement, de rancune satisfaite, très opposés aux sentiments de respect, d'estime ou d'indifférence qu'a-
mènerait le sens ordinaire.

Dans l'allusion, les mots suggèrent des idées dont
le signe manque, dont ils ne sont pas les signes
convenus. La pensée prolonge l'effet de la phrase,
découvre derrière elle toute une série de faits qui lui
arrivent indirectement par elle, mais dont elle ne
donne pas le signe normal. Le dernier vers évoque
forcément, pour quelqu'un qui la connaît, la mésa-
venture de Créqui. Il ne la signifie pas précisément,
aucun mot ne l'exprime directement : la formule
« je l'irai dire à Rome », qui aiguise la pointe de

l'épigramme, pourrait en dérober la portée à quelqu'un qui ne serait pas renseigné. Sans doute un lecteur un peu avisé, même s'il ignore l'événement auquel il est fait allusion, en soupçonnera l'existence, parce que l'épigramme, n'aurait sans lui aucune raison d'être, mais c'est précisément un caractère de la fonction suggestive du langage que de faire deviner ce qu'il ne dit pas, ce qui n'est pas signifié à proprement parler, ce qui n'est pas représenté par les mots employés. L'esprit est amené à penser, en certaines circonstances, par l'ensemble de la phrase, en utilisant son activité propre, en combinant ses souvenirs, en interprétant à sa manière, qui n'est pas la manière ordinaire, les matériaux qui lui sont proposés.

Tout ceci serait confirmé, trop visiblement pour que j'y insiste, par l'autre épigramme de Racine où Créqui est encore pris à partie, toujours à propos d'*Andromaque*, et que je me borne à rappeler.

Il en est de même toutes les fois que l'on dit une chose pour en faire entendre une autre, quand les mots, en tant que signes, désignent une idée qui n'est point du tout celle que l'on veut inspirer. Cette idée suggérée peut avoir avec l'idée strictement signifiée, des rapports divers, essentiels ou fortuits, elle peut lui ressembler plus ou moins, elle peut en être le contraire (ce qui est encore une façon de lui ressembler), elle peut ne se rattacher à elle que par quelque équivoque, à la faveur d'un son commun qui les évoque toutes deux (c'est le cas de l'allusion par calembour, par jeu de mots).

L'effet n'en est pas sûr comme celui du langage signe, parce qu'il n'y a pas ici de convention sociale à peu près fixe et régulière. Il dépend beaucoup de l'esprit à qui le langage s'adresse. Sans doute il en dépend toujours plus ou moins, même quand la fonction de signification est le plus nette et le mieux caractérisée. Il faut connaître une langue pour l'entendre et chacun l'entend comme il peut (et même en général dans l'un et l'autre sens de ce mot). Les deux cas n'en restent pas moins sensiblement différents et comprendre une langue n'implique pas toujours que l'on comprenne une allusion.

§ 6. — Le mécanisme du langage suggestif et la condensation

Pourquoi les allusions sont comprises et par quel mécanisme leur effet se produit, nous le voyons sans peine dans des exemples comme ceux que je viens de rappeler. Si les mots ne signifient pas strictement les idées que l'auteur désire évoquer, ils sont cependant arrangés pour que d'inévitables associations d'idées amènent ce sens à l'esprit.

Les faits de ce genre se produisent continuellement, et l'habitude empêche même l'attention de se diriger vers eux. Ils s'expliquent en effet assez facilement par toutes les lois connues de l'association psychologique.

Ils n'en prêtent pas moins à quelques remarques qui peut-être ne sont pas sans importance. Et tout d'abord ils mettent en évidence combien c'est chose variable que le sens des mots, et des phrases. On peut être trop enclin à croire que le sens des mots, s'il n'est pas définitivement fixé, l'est pourtant jusqu'à un point que la réalité n'atteint certainement pas. Certainement on a souvent étudié leurs changements de signification. A. Damesteter, Littré, Bréal,

M: Meillet nous y ont vivement intéressés. Mais a-t-on assez insisté sur ce fait qu'un mot n'a jamais tout à fait le même sens pour deux personnes différentes, ni pour une même personne à deux moments différents ? Sans doute ces variations, parfois insignifiantes, n'empêchent pas toujours de s'entendre, d'agir en harmonie. Si insignifiantes soient-elles, elles n'en indiquent pas moins l'extrême variabilité du sens et sont une occasion perpétuelle pour l'esprit soit de divaguer, soit, s'il sait en tirer profit, de discerner et de rendre des nuances d'idées nouvelles, de signifier et de suggérer plus et mieux.

Le sens d'un mot varie selon les dispositions, le souci, l'habitude, l'attitude momentanée de celui qui l'emploie et de celui qui le perçoit. Il ne faut pas dire que ce qui change ce n'est pas vraiment le sens du mot mais les sentiments ou les idées éveillées secondairement. Il est impossible, en effet, de séparer complètement les idées qui seraient réellement signifiées par le mot de celles qui viennent s'y ajouter par accident. La preuve en est que ce sens indirect, accidentel, devient en des cas assez nombreux, le sens principal et régulier. C'est ce que l'on indique quand on fait remarquer que beaucoup de mots ont acquis leur sens actuel par des métaphores qui nous paraissent parfois singulièrement hardies ou par des associations dans lesquelles l'idée ou l'image secondaire prend la place principale. Songez à l'origine qu'on donne aux sens des mots comme tête, muscle, cadran, et notez que cette idée qui finit par prendre la place principale s'est parfois introduite indûment, sans aucun titre, à la faveur de quelque méprise, grâce à quelque ressemblance de son ou par quelque circonstance inconnue. Forcené, mièvre et bien d'autres mots sont des exemples de ce que Littré appelait la pathologie du langage.

Nous voyons constamment ainsi les mots et les phrases se charger de sens nouveaux, se rendre capables de suggérer ou de signifier des idées nouvelles, des sentiments, des impressions qu'ils n'éveillaient pas auparavant. Parfois ils conservent en même temps leur sens primitif et parfois aussi ils l'abandonnent. Les cas où ils le conservent sont ceux qui nous intéressent le plus pour le moment. Leur fonction s'enrichit de manière passagère ou de manière définitive. Et il se produit alors ce que j'appellerai la condensation du langage.

J'indique par là cette force, parfois singulière, qui s'installe, qui se fixe plus ou moins dans les mots, qui leur donne une efficacité, variable à divers égards, mais parfois irrésistible et surprenante, parfois aussi d'ordre moyen et d'explication assez facile comme nous venons de le voir. Le mot devient ainsi, à des degrés divers, un excitateur d'idées, de sentiments, d'actes même, et parfois d'actes irréparables.

C'est là un fait psychologique et social dont la réalité s'impose continuellement à nous, et dont l'importance est extrêmement variable. Tantôt insignifiant, tantôt bienfaisant, tantôt terrible, nous le retrouverons toujours identique en son fond à lui-même, sous des apparences infiniment variables.

Tout d'abord nous distinguons à première vue des cas particuliers et des cas plus généraux. Quelquefois la concentration ne produit ses effets que sur une personne ou sur un petit groupe, elle n'existe que par rapport à eux. D'autres fois elle imprègne tout un peuple, tout un grand parti, tous les fidèles d'une religion qui peuvent appartenir à des nations différentes et la concentration charge àlors non pas seulement un mot, mais tout un groupe de mots appartenant à différentes langues et se traduisant l'un l'autre avec des nuances diverses.

Nous trouvons des exemples du premier cas dans l'impression particulièrement forte que font certains mots sur certaines personnes ou dans certains groupes. Grâce à leur sens surtout, bien entendu, mais grâce aussi à leur son parfois, grâce à des circonstances particulières qui ont déterminé des associations plus ou moins nombreuses et plus ou moins fortes. Ils sont ainsi capables de provoquer des séries d'idées, d'images, d'impressions, de sentiments que leur sens ne rendait pas forcément nécessaires, grâce encore aux dispositions individuelles à la sensiblité personnelle de telle ou telle personne, grâce à l'influence de tel ou tel homme sur un groupe plus ou moins nombreux, grâce à une orientation générale, à une attitude des esprits que les circonstances ont provoquées. Il est certains mots qu'il faut éviter de prononcer devant telle personne à cause d'une susceptibilité particulière, expliquée parfois par les circonstances de sa vie, par ses croyances, par ses habitudes, parfois par une spécialisation de sa sensiblité dont la cause reste ignorée. Il en est d'autres avec lesquels on est à peu près sûr d'exciter son enthousiasme, d'éveiller son désir ou son activité. En d'autres cas, chacun a pu remarquer comment, dans des milieux parfois très restreints, certains mots se chargent d'une force qu'ils n'ont pas ailleurs, provoquant presque à coup sûr, le rire, le dégoût, l'entrain, sans qu'on sache toujours bien pourquoi ils agissent ainsi. Ils sont devenus le signe d'une entente, d'une harmonie collective. Un jour, quelqu'un les a lancés, d'autres les ont répétés, et pendant un temps plus ou moins long, il suffit de les rappeler pour provoquer des manifestations de « sympathie » au sens étymologique du mot, un rire, un plaisir qui affirment l'entente du groupe. J'ai connu jadis, par exemple, un petit groupe où ces locutions « avec ensemble » et « avec enthousiasme » étaient employées à tout propos et hors de propos. Elles procuraient chaque fois un succès qui aurait pu paraître exagéré à qui n'aurait pas fait partie du groupe. Cela ne se prolongea pas trop du reste. Et tout le monde connaît ces mots qui pendant un temps plus ou moins long font la joie de si nombreuses personnes en affectant désagréablement les nerfs de quelques autres, car on pourrait dire que, si la charge est positive pour les uns, elle est négative pour les autres, et que ceux-ci en sont souvent plus affectés que la raison ne les y oblige. On n'a peut-être pas oublié la vogue de : " En voulez-vous des zhomards ? », ou de : « au revoir et merci ». A rapprocher de cela la popularité de quelques refrains. Je suis de ceux qui ont pu entendre le *Pied qui remue*, auquel une longue chaîne de chansons a succédé, car les refrains, les phrases musicales ont le sort des phrases parlées et délectent ou agacent une saison ou deux ceux qui les chantent et ceux qui les entendent. Et leur charme est tel qu'on peut à la fois les fredonner, parce qu'on en est obsédé, et en être excédé.

Parfois naît un sentiment d'ordre plutôt pénible, une impression de dégoût, ou d'opposition, de haine, mais par lui aussi s'affirme l'harmonie du groupe, et le plaisir de cette harmonie fait souvent plus que compenser l'impression désagréable de l'aversion. C'est ainsi que, par exemple, dans un parti on nommera

d'une façon désobligeante, par un mot qui par lui-
même n'a pas toujours un sens péjoratif, ou dont le
sens péjoratif n'est pas toujours compris, un personnage qu'on n'aime pas. Ou bien des élèves désignent
par un surnom un professeur redouté. Et les noms
ainsi employés se chargent dans le groupe où ils
circulent, de mépris, de haine. Le nom d'ailleurs peut
garder son sens ordinaire mais il suggère tout autre
chose. Appeler Pie IX, « Mastaï » (l'exemple partait
de haut et Hugo l'a plusieurs fois donné), et Léon
XIII « Pecci », était un signe de mépris, de dédain,
d'anticléricalisme. Je sais un professeur qu'on sur-
nommait Caboche à cause d'une sévérité un peu trop
rude, et qu'on haïssait sous ce nom sans toujours
savoir d'où ce nom provenait et ce qu'il pouvait bien
signifier. Mais l'allure du mot, le ton, et toutes les
circonstances accessoires étaient assez suggestifs.

Il s'agit ici d'un procédé très général, et qui est
celui de la mode. La mode n'est pas autre chose que
cette sorte de concentration d'images, d'idées, d'impressions qui s'opère sur un objet quelconque : mot,
phrase musicale, phrase parlée, procédé de peinture,
style de mobilier, ancien ou moderne, prénom, etc. La
mode s'installe dans tous les domaines et n'épargne
ni l'art, ni la politique, ni la science, ni la philosophie. Les théories, les idées, les remèdes, ont comme
les mots, comme les robes, les chapeaux ou les para-
pluies, leur prestige passager, qu'il serait souvent
assez difficile de justifier, ou même d'expliquer avec
quelque exactitude et quelque précision.

Des mots comme *fille*, ou même *garce* n'ont point
d'abord un sens fâcheux. Ils se changent peu à peu
d'idées et d'impressions bien nettes. *Garce* a fini par
changer de sens, mais *fille* est un bon exemple des

mots qui gardent leur sens propre tout en en prenant d'autres. Ils ont accumulé sur eux diverses possibilités, qui se réaliseront selon les circonstances et dont l'effet est assez sûr et suffisamment uniforme.

Quelquefois cette condensation, cette charge de mots devient très puissante. A de certains moments, dans la vie d'un peuple, dans l'existence même de l'humanité, il est des mots en qui s'amasse une force de sentiment et de vouloir qui les rend singulièrement bienfaisants ou particulièrement redoutables. Il suffit de les lancer pour déchaîner l'enthousiasme, ou la colère des foules, des partis, de groupes immenses. Liberté, égalité, ordre, patrie, justice, et bien d'autres ont montré tour à tour leur efficacité momentanée. Des cas les plus insignifiants jusqu'aux plus graves, une série de faits se développe où le même procédé toujours apparaît. Dans un mot, dans une phrase, dans certaines associations de sens se sont fixées les possiblités de suggestion, les moyens d'agir presque à coup sûr, sur l'esprit des individus qui composent un groupe plus ou moins important.

§ 7. — LA CONDENSATION

Avant d'indiquer quelques-uns des résultats de la condensation verbale, il convient de l'examiner un peu plus en elle-même et de l'analyser plus en détail.

Les expressions que j'ai employées pourraient suggérer l'idée que le langage est comparable à une sorte d'obus plus ou moins bourré de matières explosives. Il est bien évident que la comparaison ne se soutiendrait qu'en prenant un sens très abstrait. La force des mots n'est pas en eux-mêmes, en ce sens qu'ils n'agissent que par les dispositions des esprits. Ils rappelleraient, plutôt que la poudre, l'amorce qui l'enflamme, en provoque la déflagration. Le mot par lui-même, prononcé, écrit, imprimé, est bien peu de chose, des livres en sont pleins qui sont bien inoffensifs, un dictionnaire qui les contient tous peut être manié sans danger par qui n'en connaît pas la langue. Et l'on pourrait croire qu'il ne s'agit guère en ce qui précède que de manières inexactes d'exprimer un fait psychologique.

Mais, si l'on y veut réfléchir, on remarquera sans peine que toutes les forces sociales sont exactement dans le cas de la force suggestive des mots. Elles supposent toutes une sorte de complicité de la société même, des individus qui les préparent, qui les emploient et de ceux qui en subissent les effets. Il en est sans doute de même, en un sens, et au fond, des forces physiques, mais les choses ne s'en passent pas moins très différemment dans les domaines différents si l'on considère la réalité concrète. Toute l'autorité peut être concentrée, par exemple, dans un roi, dans un chef. Elle n'agit pourtant, elle n'existe vraiment que par la complicité de ceux qui leur obéissent. Le despote le plus absolu n'a pas sa force en soi, il n'en est qu'une condition, il la tire en grande partie de ceux aux dépens de qui il l'exerce. Privé d'eux, transporté dans un autre pays que le sien, par exemple, il perd presque toute sa puissance. Un roi sans royaume, un général sans armée, un roi dans un royaume révolté, un chef au milieu d'une armée obstinément rebelle ont le même genre d'impuissance qu'un mot incompris ou sans influence.

Une grande partie du pouvoir des facteurs sociaux quelconques, qu'il s'agisse de mots et de phrases ou d'individus et d'appareils sociaux organisés, leur vient ainsi non pas tant de leur nature que de l'organisation sociale dont ils font partie.

Pas tout le pouvoir. Et il y a ici une distinction à faire, qu'on ne fait pas toujours assez, celle de la valeur individuelle d'un élément social et de sa valeur de position.

Ces deux valeurs peuvent se compléter l'une l'autre, elles peuvent aussi se nuire réciproquement. Elles sont très diversement appréciées selon les personnes qui les jugent. Les unes n'estiment guère que la valeur individuelle, d'autres que la valeur de position. Celles-ci sont plus nombreuses, semble-t-il, mais la valeur de position est beaucoup plus facilement, beaucoup plus sûrement évaluable que la valeur personnelle.

Qu'il faille une harmonie entre les deux, c'est bien évident. Mais cette harmonie qui fait la valeur totale d'un individu à un moment donné peut varier énormément selon les cas et selon les personnes. Tantôt la valeur de l'individu et celle de la position s'exaltent réciproquement. C'est le cas désigné par la formule « the right man in the right place ». Tantôt elles se diminuent l'une l'autre, c'est le cas que mentionne Figaro : « Il fallait un calculateur, ce fut un danseur » qui obtint la place enviée. Car si le travail du bureau en souffrit, l'art de la danse dut y perdre aussi et la valeur personnelle du danseur resta inutile. Les deux forces n'en sont pas moins réelles et, si l'on ne peut être « quelqu'un », encore n'est-il pas tout à fait vain d'être « quelque chose ». Tout ce qui représente une force sociale a droit à un minimum de respect, tant que cette force s'exerce dans le sens de l'utilité générale. Mais une force individuelle qui ne trouve pas à s'employer a droit aussi à quelque respect, à quelque regret et à quelque encouragement.

Les mots doivent une bonne part de ce qu'ils sont à l'organisation sociale et une part à leur nature propre — qui n'est pas d'ailleurs tout à fait indépendante de l'organisation sociale, pas plus que la nature des individus humains puisque beaucoup d'influences sociales ont contribué à les former. C'est aussi une caractéristique des grands écrivains d'assigner aux mots la place et la fonction qui convient à leur nature comme c'est une caractéristique des bons rois de bien choisir les serviteurs du pays et de leur attribuer la place désignée par leurs qualités spéciales. Il est sûr que certains mots paraissent parfaitement en harmonie avec leur sens tandis que d'autres s'acquittent assez mal de leur fonction et si mal même qu'on ne les entend pas toujours. « Compendieusement » n'a pas du tout l'apparence d'indiquer une expression abrégée et en fait il n'est pas rare qu'on s'y trompe. Racine a profité précisément dans *les Plaideurs* du désaccord du mot et de sa fonction, mais l'ironie de son intention n'est pas toujours comprise.

Le mot se charge alors de significations contradictoires, ou bien il suggère des idées tout à fait opposées à celles qu'il signifie. Le cas, on le voit est très distinct de l'antiphrase ou de l'ironie qui emploie les mots dans un sens opposé à leur sens naturel. Ici le mot est bien pris dans son vrai sens, l'écrivain s'amuse seulement à mettre en relief l'opposition de sa nature et de sa fonction, en suggérant, sans les faire adopter, des idées, des impressions que la fonction du mot ne comporte pas directement, mais qu'imposent plus ou moins sa forme, sa sonorité, sa nature individuelle.

Par leur sens, par leur forme, surtout par le prestige

variable des personnes qui les emploient, par les circonstances dans lesquelles ils ont été entendus ou lus, les mots deviennent capables de suggérer à un individu, à quelques personnes, à un groupe restreint, large, très étendu, une foule d'idées, d'images, d'impressions, de sentiments, qui, quoique dérivant parfois pour une bonne part de leur signification première, la dépasse, l'étend, la complète, la contredit même. Plusieurs charges successives et plus ou moins concordantes peuvent ainsi venir remplir le même mot, le rendre puissant, utile, nécessaire, redoutable. Et la sympathie sociale, l'harmonie d'un groupe quel qu'il soit en multiplie plus ou moins vite et en étend l'efficacité. Nous avons tous remarqué le charme qui s'attachait pour nous, grâce à des circonstances diverses, à quelque mot, à quelque nom, nous avons pu remarquer aussi comment, en certains cas au moins, nous soumettons plus ou moins à ce charme ceux qui nous entourent, ceux qui sont, sur quelque point, en sympathie avec nous. Et cela nous aide à comprendre les grands mouvements d'idées, de sentiments, les grands déploiements de force sociale qui se symbolisent dans quelque mot, dans quelques phrases.

Deux remarques nous arrêteront un moment.

D'abord la condensation est un fait très général et universel dans le domaine du langage. Il n'y a pas de mot, sans doute, dont la portée ne dépasse celle que sa signification lui attribuerait strictement. Les circonstances dans lesquelles il est parvenu à l'esprit et la nature de cet esprit l'associent plus ou moins étroitement à un plus ou moins grand nombre d'idées, d'images, d'impressions, le rendent capable de les éveiller. Selon les cas, selon les mots, selon les circonstances, selon les individus, ces idées, ces impressions éventuelles, toute cette charge du mot variera en importance, en nature, en quantité, en qualité. Il semble bien qu'elle ne soit jamais absolument nulle. Même lorsque les associations que la concentration a établies ou préparées ne produisent pas d'effets apparents, elles continuent à exister d'une existence virtuelle, à titre de possibilités et nous les voyons parfois redevenir actives.

Comme chacun de nous ressemble à tous les autres et, en même temps, diffère d'eux, cette charge du mot pourra offrir chez tous des caractères communs. Ce sont surtout ceux qui se rapportent à la signification proprement dite, mais en certains cas ce sont aussi des idées et des sentiments que les circonstances particulières auront associés à cette signification, plus ou moins conservée dans sa forme normale, plus ou moins dénaturée aussi. C'est le cas des temps où des mots : liberté, justice, ou bien des formules, comme jadis « les trois huit » ou « la suppression du sénat », deviennent une sorte de cri de guerre où se condensent des revendications, des aspirations de tout un grand groupe social. Mais en même temps, comme les circonstances où l'esprit reçoit un mot ou s'en sert lui-même ne sont jamais identiques pour tous les esprits, comme les esprits ne le sont pas davantage, la concentration différera d'un esprit à l'autre et le mot ne sera jamais dans l'un d'eux exactement ce qu'il est dans un autre. Un mot comme « multiplication » par exemple éveille en moi des souvenirs, des impressions d'enfance très particulières et qui ne se retrouvent en aucune autre personne. Même lorsque l'usage, l'habitude, les mille frottements, les heurts de la vie mentale auront dépouillé le mot d'une partie de ses virtualités, la condensation spéciale dont il a été le siège n'en a pas moins eu [son influence, elle a contribué à la formation de l'esprit, à la constitution d'un moi unique au monde et elle n'est pas si bien endormie qu'elle ne puisse être réveillée par quelque circonstance nouvelle ou imprévue.

Remarquons ensuite, pour apprécier l'importance de la concentration verbale, que le langage est le principal instrument des coordinations sociales, celui qui en pe. .net le mieux, le plus rapidement la naissance et qui tend à leur donner le plus de rigueur et de précision. Le mot n'a de valeur que par les états psychologiques qu'il provoque et dont ce qu'on appelle proprement sa signification, n'est qu'une partie, cela est entendu, mais ces états psychologiques ne peuvent être communément produits que par l'intermédiaire du mot. Sans doute d'autres moyens de communications unissent les hommes et font passer des uns aux autres des idées, des sentiments, des volontés. Mais c'est là un fait en somme presque exceptionnel. Le geste, la mimique, l'expression du visage ne suffiraient pas, il s'en faut de beaucoup, à entretenir les rapports sociaux dans la complexité, dans la précision, dans le raffinement qu'ils ont acquis, qu'il s'agisse d'harmonie ou d'opposition et de lutte.

De là l'importance du langage et qui explique, sans les justifier, les exagérations auxquelles des poètes ou des psychologues se sont livrés. Les uns ont déifié le mot :

> Car le mot c'est le verbe, et le verbe c'est Dieu,

d'autres ont pu admettre que sans le mot, il n'était point de pensée. Je crois que la pensée individuelle peut exister, même sous des formes compliquées, raffinées, profondes, sans s'incarner en des phrases et je ne vois aucune bonne raison d'élever des autels au langage. Il n'en reste pas moins que le langage rend possibles une immense quantité d'activités sociales, de coordinations et de luttes qui nous paraissent à divers titres essentielles et qui ne sauraient exister sans lui. Dans le mot sont condensées une immense quantité de possibilités sociales et psychologiques. Et il apparaît un peu tel qu'une formule magique dont le pouvoir est considérable, et donne la puissance, l'influence, la richesse, les joies de l'amour et une grande part des biens de la vie à qui sait s'en servir adroitement et rendre actuelles les virtualités qu'il renferme.

Aussi l'a-t-on entouré de respect, d'amour quand ce n'était pas de crainte et de terreur, de superstitions. Le nom d'une personne a pu être pris pour une partie essentielle d'elle-même, les mots d'une formule magique ont pu passer pour être efficaces par euxmêmes, agir directement sur les choses, et sur les gens non point par leur sens ou même par leur suggesstion, mais par une sorte de force occulte et d'influence physique directe. Peut-être sera-t-on porté à quelque indulgence pour toutes les aberrations amenées par la foi dans les mots, par le sorte de culte qu'elle s'est associée, si l'on pense à ce qu'a d'admirable et de merveilleux ce rôle des mots, cette influence de quelques faibles vibrations de l'air, de quelques petits traits, de quelques dessins irréguliers sur une feuille blanche qui veut assurer ou détruire la vie des individus, changer le sort des nations, déterminer en d'innombrables circonstances les actes de l'homme et orienter sa conduite, par le déclenchement des activités psychophysiologiques dont ils provoqueront la mise en jeu.

§ 8. — LA CONDENSATION ET LA POÉSIE PURE

La condensation et la suggestion peuvent nous aider à comprendre un certain nombre de questions psychologiques, sociales, littéraires. Je voudrais prendre comme exemple, ici, la question de la poésie pure qui a soulevé d'assez vifs débats. Je ne prendrai pas parti dans une discussion, où je soupçonne que, selon l'usage, quelques malentendus se sont glissés, et où les thèses opposées ne sont peut-être pas inconciliables. Je désirerais examiner brièvement la question de notre point de vue.

Que la poésie ait ses qualités propres, cela ne me paraît guère discutable, que l'on donne à l'ensemble de ces qualités, à ce qui différencie la poésie de ce qui n'est point poétique, à l'« essence », en quelque sorte, de la poésie, le nom de poésie pure, je n'y vois pas d'inconvénients à condition qu'on s'entende [1].

Une interrogation se pose d'abord. Quel est le lien du vers et de la poésie ? Il ne me paraît pas très difficile d'y répondre. Le vers est une condition favorable à la poésie. Il n'est ni une condition suffisante, ni une condition nécessaire. Les vers comme ceux où le Julien, d'Émile Augier, conseille à sa femme de flatter les goûts culinaires de l'oncle Tamponnet :

Fais-lui faire, tu sais, ce machin au fromage... ;

certains vers de Molière lui-même, des vers mnémotechniques, ou des vers philosophiques, comme :

---

1. On peut aussi, d'un autre point de vue, affirmer, comme M. Jules, de Gaultier qu'il n'y a pas de poésie pure (*Mercure de France*, 1er nov. 1926.

> Donc, le contradictoire étant à rejeter
> Pour l'incompréhensible on est tenu d'opter,

n'enferment pas une quantité de poésie appréciable.

Et d'autre part il est également incontestable qu'il y a des proses poétiques, et que par exemple il n'y a pas de doute à cet égard sur la valeur de quelques phrases de Chateaubriand, et, à ne les choisir que dans *Atala* sur le « secret de mélancolie » de la lune, « la cime indéterminée des forêts », « les rivages antiques des mers ».

Il n'en reste pas moins que le vers est favorable à la poésie, qu'il en constitue peut-être le langage naturel et que la prose poétique tend à se rapprocher des vers par son rythme, ses cadences, l'harmonie de ses sons et l'allure de ses périodes. Pourquoi le vers a-t-il par lui-même, malgré tout, quelque chose de poétique ? Mais c'est précisément à cause de cette condensation dont nous parlions tout à l'heure et qui se porte non seulement sur des mots, non seulement sur des phrases, mais sur les formes mêmes du langage, sur son allure, sur ces caractères abstraits, sur ce que l'on pourrait appeler sa carcasse mathématique, sur les rapports numériques de ses éléments. Le rythme du vers par lui-même éveille des impressions nettes, qui viennent renforcer celles qu'apporte le sens des mots. Il s'accorde, il concorde — plus ou moins heureusement — avec les rythmes mêmes de la vie[1] et de l'esprit. Il facilite en quelque sorte et à certains égards, le travail mental. En un mot il aide à la suggestion, il est par lui-même une certaine concentration de possibilités d'images et d'idées. Et par là il est essentiellement

---

1. Cf. à ce propos l'article déjà signalé de M. J. de Gaultier.

poétique et l'on peut croire même qu'il reste toujours en lui quelque élément de poésie jusque dans ses formes les plus plates et les plus basses.

La prose évidemment n'a pas les mêmes avantages. Cependant elle supporte certaines qualités de rythme, de cadence, qui lui permettent en certains cas de devenir poétique aussi, à quelque degré. Je ne discuterai pas ici si ces qualités de la prose par leur caractère moins rigoureusement défini, moins régulier, ne peuvent pas lui permettre, lorsqu'elle est habilement maniée, d'atteindre ou de dépasser les ressources du vers. Mais il paraît incontestable que la prose offre certains moyens de suggestion analogues à ceux du vers, d'autres qui en diffèrent beaucoup, tellement que, si la prose poétique peut parfois s'approcher du vers, le vers peut aussi se rapprocher de la prose pour suggérer mieux certaines images :

> Le coup passa si près que le chapeau tomba
> Et que le cheval fit un écart en arrière.

Si ce dernier membre de phrase faisait partie d'un morceau de prose, peu de lecteurs remarqueraient qu'il pourrait aussi constituer un vers.

M. l'abbé Henri Brémond, dans ses brillantes études qui ont déterminé un intéressant mouvement d'idées, a traité avec assez de [développements la question de la poésie pure, et de l' « ineffable » qui en est un élément essentiel. Il l'oriente vers la prière, il en écarte avec soin toute explication rationnelle. Il montre avec raison que le sens d'un vers peut être assez pauvre quoique ce vers ait du charme poétique.

Il rejette les explications psychologiques qu'on croirait trouver à ce charme. « Magie suggestive, disait Baudelaire, sans prendre garde que le pouvoir de suggérer, d'évoquer, s'adresse exclusivement à nos qualités de surface, appartient à la prose pure. Contagion ou rayonnement, dirai-je, vive création ou transformation magique, par où nous revêtons, non pas d'abord les idées ou les sentiments du poète, mais l'état d'âme qui l'a fait poète : cette expérience confuse, massive, inaccessible à la conscience distincte [1]. »

Mais la suggestion telle que je l'entends, et, je le crois bien, telle qu'on l'entend en général, ne s'adresse pas du tout exclusivement à des qualités de surface et n'appartient pas à la prose pure. Et, si l'on soutient le contraire, je voudrais bien qu'on indiquât où commence la surface de l'esprit, où finit sa nature essentielle et profonde. Il me semble qu'on emploie assez souvent ces mots ou d'autres analogues, avec une précision insuffisante et quand il serait bon de faire une meilleure part au langage-signe et de se méfier un peu du langage-suggestion. En tout cas la suggestion me semble parfaitement capable de susciter non pas seulement des idées ou des sentiments, mais un état d'âme profond, c'est-à-dire, je pense, une sorte d'attitude mentale où s'intéressent nos tendances les plus enracinées, celles qui sont le plus essentielles au moi, ou parfois les plus dissimulées.

Il suffit de bien peu de chose, d'une sensation, d'un tout petit événement extérieur pour nous suggérer non seulement des idées, des images, des impressions mais tout un état d'âme oublié, disparu, ou non encore connu que nous pouvions bien ne pas nous sentir capable d'éprouver. Rappelons-nous la tasse de lait si poétique de Guyau, la pervenche de

---

1. H. Brémond, *La poésie*, p. 23.

Rousseau. Pour mon compte je me souviens assez bien de l'état d'âme assez compliqué, assez profond aussi que suscita jadis en moi une de mes premières entrées à Notre-Dame de Paris. Il y a là quelque chose de très analogue à l'impression que nous donne une poésie.

Cette impression, qu'il s'agisse de poésie, qu'il s'agisse d'événements de la vie ordinaire dont le retentissement se prolonge plus que d'habitude, nous la comprenons parfois sans trop de peine et nous en apercevons aisément les causes. L'âme d'autrefois qui renaît en Rousseau se reconstitue autour d'une perception qui fait revivre une attitude dont elle ne fut jamais un élément. Je vois assez bien à quels éléments personnels et aussi à quelle combinaison de souvenirs historiques et littéraires est due l'impression que j'ai ressentie à Notre-Dame. Et pareillement il est des vers qui vous laissent aisément comprendre pourquoi ils frappent l'esprit, le contraignent à prendre l'attitude voulue. Ceux de Corneille sont généralement de cette qualité. Rappelez-vous les vers célèbres : « Que voulez-vous qu'il fît... ? ». « Paraissez, Navarrois... ». « Sors vainqueur... ». « Je vois, je sais, je crois... ». « Elle a trop de vertus... ». « Vivez avec Sévère... ». « Et si Flaminius... », et tant d'autres. Nous les trouverons beaux, admirables, sublimes, mais nous ne les jugeons pas mystérieux. Cela ne les empêche pas — je le crois du moins — d'être vraiment poétiques, et de susciter en nous une âme qui n'est pas la nôtre, sans qu'elle soit tout à fait étrangère à celle-ci, mais elle attire au premier plan, elle combine autrement un monde d'images et d'émotions qui restaient engourdies ou ne savaient pas s'associer entre elles et vivre de leur vie.

J'en dirai encore autant de vers qui pénètrent peut-être plus avant dans l'intimité du moi imparfait et

divers. Rappelons, par exemple, les vers de Villon :
« Femme je suis, povrette et ancienne... » Rien là dedans
n'est bien obscur et l'effet s'en explique assez aisément. La charge des mots, la concentration des idées,
des images, des sentiments n'y paraît pas obscure.

Allons un peu plus loin dans la difficulté. Et son-
geons au fameux refrain de la *Ballade des dames du
temps jadis*, « Mais où sont les neiges d'antan ? » Rien
ne peut donner une idée plus vive de la fragilité de la
vie humaine que cette neige si vite salie, fondue, disparue. Mais tout ne s'explique point par là. Et il faut
remarquer que Villon n'a plus retrouvé un effet aussi
pénétrant, un charme pareil lorsqu'il a donné d'autres
refrains à des ballades d'inspiration analogue : « Mais
où est le preux Charlemagne », ou « Autant en emporte
le vent ». Pourquoi ? Charlemagne n'est point un personnage que la poésie repousse, et le sens du vers
est net et suffisamment fort : Puisque Charlemagne
est mort il est bien naturel que les autres hommes,
dont bien peu le valaient, soient morts aussi. Mais si
la signification est pleine, la suggestion est faible.
Charlemagne ressemble trop aux autres hommes.
La neige au contraire n'appelle pas naturellement
l'image de la vie humaine. C'est par là que le rapprochement devient plus saisissant. Tout ce qui évoque la
vie humaine, ses joies, ses souffrances, sa fin rapide a
chance de nous intéresser, mais l'intérêt sera d'autant
plus poétique qu'il sera éveillé par suggestion non par
signification directe. Ainsi la personnification des objets,
l'humanisation de la nature a pu devenir un thème
inépuisable de poésie. Si bien que l'on en a abusé et
que le procédé devenu trop mécanique, trop prévu a
perdu une partie de sa valeur, mais il la trouve toute
lorsqu'un vrai poète le rafraîchit et le rajeunit.

Ce n'est pas tout évidemment et je n'ai pas la prétention de tout expliquer. Mais on peut bien dire que la neige évoque des impressions de blancheur, de légèreté, de pureté qui interviennent aussi dans l'effet total pour l'enrichir, le varier, l'affiner et le nuancer. De plus, l'effet du refrain est renforcé par l'impression analogue que donnent certains vers de la ballade. Par exemple, pour le rapprochement de la nature et de la vie humaine : « Écho parlant quand bruit on mène dessus rivière ou sur étang... », ou pour la blancheur : « La reine Blanche comme un lis, qui chantait à voix de sirène. » Et nous ne voyons pas dans le dernier détail mais nous entrevoyons fort bien comment les mots se sont chargés d'images et d'impressions et d'où sort la poésie.

Tout cet ensemble d'états plus ou moins conscients, plus ou moins précis, plus ou moins vagues, unis entre eux, systématisés avec un certain nombre des tendances de la vie ordinaire qui peuvent s'accorder avec eux, les influencer, être influencés par eux compose une attitude mentale très spéciale. Cette attitude varie d'un esprit à l'autre avec les éléments qui s'éveillent dans chaque esprit, et, selon le mode dont ils sont unis, avec tout ce qui ne se répète jamais absolument d'un individu à un autre individu. Et l'état d'âme ainsi produit change aussi d'une époque à l'autre. La charge des mots varie avec l'état des individus, elle varie aussi avec l'état social, avec les sentiments, les idées, les croyances qui ont dominé quelque temps. Des vers comme : « Dieu ! que ne suis-je assise à l'ombre des forêts », ou « Dans l'Orient désert quel devînt mon ennui » se sont chargés très probablement de possibilités de suggestions qu'ils n'avaient pas auparavant au même degré, grâce au

romantisme, au « mal du siècle » et à bien d'autres
événements historiques ou sociaux. Non pas que, sans
doute, quelques âmes spécialement douées, ou, que
les circonstances de leur vie y avait préparées, n'aient
été capables de les sentir jadis à peu près comme nous
les sentons aujourd'hui. Mais non des groupes d'âmes
aussi étendus. Le pouvoir suggestif de ces vers s'est,
peut-on croire, régularisé et, en un sens, accru puisqu'ils
sont capables d'agir sur plus d'esprits. Dans le même
sens on peut dire qu'ils sont devenus plus « poétiques ».
Il en est comme « la fille de Minos et de Pasiphaé » pour
lesquels l'évolution ne me paraît vraiment pas douteuse.

C'est Th. Gautier, je crois, qui a commencé la singulière fortune de ce vers, le seul beau vers, dit-on,
qu'il eût découvert dans Racine. On peut soupçonner
dans ses propos un peu d'outrance romantique, le désir
de scandaliser les « bourgeois au menton glabre ».
Mais le vers est précis, il dit nettement et simplement
ce qu'il doit dire, il sonne bien, il pourrait être sans
inconvénient une ligne de prose. Ce sont là qualités
que Gautier pourrait apprécier, et il n'avait que trop
prouvé son amour pour le vers qui ressemble à de la
prose, ayant dans son talent, malgré sa truculence, sa
recherche de la couleur et son estime de l'audace,
quelque chose d'un classique de second ordre et des
côtés un peu bourgeois. Et puis il admirait beaucoup
un passage de *Ratbert* où il retrouvait, paraît-il, toute
l'Italie blasonnée » de l'époque et les deux noms
propres unis en un seul vers avaient de quoi lui plaire.

Après lui, son paradoxe, devenu célèbre avait déposé,
incrusté dans les mémoires, le vers de Racine, le pro-
posait à l'admiration. On l'a cité, ce vers, on l'a aimé
pour ses qualités sans doute, par snobisme aussi, et
pour le plaisir du paradoxe et l'étalage d'un goût qui

pouvait paraître bizarre. (Ce n'est pas un moindre snobisme d'imiter sans le bien contrôler, le sentiment d'un groupe d'opposants que de suivre l'opinion de la foule.) Il y a sans doute encore autre chose.

Barthélemy dans sa *Némésis* a placé ce vers :

> Talleyrand-Périgord, prince de Bénévent,

qui n'est pas sans participer aux mêmes qualités que celui de Racine. Il se retient aisément puisqu'il reste dans ma mémoire depuis le jour, bien lointain, où j'ai fait connaissance avec les alexandrins de Barthélemy, il est bien coupé, précis et net, la sonorité en est bonne. Je n'ai jamais vu citer nulle part le vers de *Némésis*. Et voici un vers de Tristan Corbière qui se rapproche bien plus de celui de Racine et qui n'a pas eu non plus la fortune de celui-ci :

> Le fils de Lamartine et de Graziella.

La sonorité en est moins heureuse. Et il n'a pas eu la chance d'être mis en valeur par une boutade d'écrivain célèbre, mais s'il a plusieurs des qualités du vers de Racine, il lui en manque une qui nous intéresse particulièrement ici, ou du moins ne l'a-t-il qu'à un degré moindre.

C'est sans doute dans son pouvoir suggestif qu'il faut chercher pour une part l'explication et pour une part plus grande la justification de la célébrité obtenue par le vers de *Phèdre*. Ce pouvoir, il semble bien qu'il le doive aux noms de Minos et de Pasiphaé, qui nous transportent si loin de notre monde, ouvrent la porte au rêve, aux impressions de l'art, à tout un ensemble d'idées et de sentiments qui ne se précisent point, mais qui par cela même, se font attirants et mystérieux.

Il peut être curieux encore de remarquer que bien que le mot *ennui* ait vu son sens direct s'affaiblir, son pouvoir suggestif n'a sans doute fait que croître. L' « ennui » est demeuré, avec Chateaubriand peut-être, et le romantisme, un sentiment vague, mais profond, propre à des suggestions infinies, imprécises et troublantes. Et comme nous n'ignorons pas sa valeur ancienne, son pouvoir s'en accroît encore. Il bénéficie du sens ancien, du nouveau sens, et de cette indétermination efficace qui résulte de leur combinaison.

Si la force suggestive d'un mot peut ainsi se développer — ou s'amoindrir — dans le passage de ce mot à travers les générations, le même sort lui peut échoir dans la vie d'un seul individu. Certains mots, pour chacun de nous, prennent à un moment donné une valeur nouvelle qu'ils ne conservent pas toujours, selon les désirs, les opinions qui dominent. La résonance particulière du nom de la personne aimée en est un exemple significatif. Un cas plus compliqué est celui des phrases, des vers appris pendant l'enfance et dont le pouvoir suggestif peut s'accroître sensiblement avec l'enrichissement du savoir, le développement de la pensée et l'expérience de la vie. On en peut conclure, si l'on veut, que les fables de La Fontaine, bien qu'ils les comprennent moins que celles de Florian, sont pour les enfants une nourriture préférable [1].

(1) Ne serait-il pas intéressant de constater que, sans que je l'aie expressément voulu, ce sont des vers de Corneille qui se sont levés en moi quand j'ai voulu citer des vers significatifs, des vers de Racine et quand j'ai voulu en rappeler de suggestifs ? On tirerait sans doute de là des considérations qui ne rentreraient pas dans le cadre de ce travail et que je néglige donc, mais il ne faudrait pas oublier qu'il se trouve aussi des vers suggestifs dans Corneille : « Cette obscure clarté.... », et beaucoup de beaux vers significatifs dans Racine. Il suffit, pour en être convaincu, de songer à *Athalie*.

Il est évidemment impossible de trouver en examinant nos impressions l'explication de tous leurs détails. Nous portons en nous une infinité de tendance, et d'éléments de tendances que nous connaissons parfois fort peu, que nous ignorons souvent tout à fait, et qui n'en sont pas moins prêts à agir, à venir, selon le hasard des circonstances qui les appelleront à l'activité, compliquer, diriger, altérer nos sentiments et nos idées. Ce que nous pouvons expliquer des mille petits événements de la vie mentale nous permet de comprendre en gros comment se produit le reste mais non d'en illuminer tous les détails. Quand une explosion détruit une maison la connaissance des lois de la physique et de la chimie ne peut non plus nous révéler pourquoi tel morceau de pierre ou tel fragment de bois est venu tomber juste à tel endroit et non à côté.

Sous ces réserves nous pourrions essayer de comprendre quelque chose aux cas les plus obscurs de la poésie pure. Minos et Pasiphaé sont des mots chargés de sens, d'images, d'impressions, leur assemblage même a sa valeur, et de plus l'harmonie du vers est encore une cause de la suggestion, sans être « l'élément principal, encore moins unique, d'une expérience où le plus intime de notre âme est engagé ». M. Henri Brémond a raison de l'écrire, encore qu'il fasse peut-être trop peu de cas de la musique des vers, « une chose aussi chétive — quelques vibrations sonores, un peu d'air battu ». La cinquième symphonie, la Messe en *si mineur* n'ont-elles pas « un peu d'air battu » comme élément principal ? Et rendrons-nous le diamant moins brillant en le traitant de carbone ?

Il me semble qu'on peut trouver ainsi quelque raison d'être au charme du vers de Malherbe :

Et les fruits passeront la promesse des fleurs.

Et d'abord l'harmonie du vers. Ensuite la person
nification des objets extérieurs. Le mot promesse nous
fait pressentir dans les fleurs une conscience, une sympathie qui les rapprochent de nous et qui nous
émeuvent. Évidemment il faut que tout cela ne se
précise pas trop, que l'absurdité, l'exagération tout au
moins ne devienne pas choquante. « On ne peut, dit
M. Henri Brémond, toucher à la moindre lettre de
ce vers sans le dégrader tout entier. Ajoutez le
poids d'un flocon de neige au troisième de ces divins
anapestes :

Et les fruits passeront les promesses des fleurs,

le vase est brisé. »

Je veux bien. Cependant « fêlé », à mon avis, serait
suffisant. Mais la personne de la floraison, vague, ample
et large que suggère le singulier y est éparpillée.
Elle devient une foule, moins intéressante et qui
nous touche moins. Rendrions-nous au vers une
partie de son charme en faisant un seul être de l'ensemble des fruits : « Et *le fruit* passera les promesses
des fleurs ? » Mais si ce vers est peut-être un peu
plus poétique que le précédent, il reste bien loin de
celui de Malherbe. La raison en est assez claire, c'est
que le mot « promesse » s'accorde mieux avec la
personnification unifiante des fleurs qu'avec celle des
fruits.

Faut-il faire remarquer qu'il n'y a nullement, en
ce que je dis, une vengeance de la « poésie rationnelle ». La poésie rationnelle peut occuper en certains
cas une place honorable, en revêtant la prose, la pensée
forte et précise, de quelques-unes des prestiges de la
poésie. Malherbe, ni Corneille, ni Hugo même ne la

dédaignaient. Veuillot l'estimait et quelques vivants l'honorent par leurs théories et par leur pratique. Mais évidemment elle n'est pas la poésie la plus poétique, la plus essentiellement et uniquement poésie.

M. Henri Brémond a raison de citer et d'approuver Baudelaire affirmant qu'une toile de maître vue de trop loin pour qu'on en puisse comprendre le sujet, peut déjà produire sur l'âme une vive impression. La suggestion opère déjà par l'accord des couleurs qui n'intéresse pas seulement l'œil, surtout chez un Delacroix. Je dirais aussi volontiers que les quatre premières notes de la cinquième symphonie de Beethoven peuvent suffire à éveiller une âme inconnue en nous. Toutefois ne risque-t-on pas d'aller un peu loin dans cette voie quand on dit : « souvent même quelques lambeaux de vers ont suffi, *Primum Graius homo...* *Ibant obscuri...* La phrase n'est pas finie; ce qui va suivre nous l'ignorons tout à fait et cependant le charme s'opère déjà ».

Passe pour : *Ibant obscuri*, qui attire l'attention, mais *Primum Graius homo...* ? Pour en sentir la forte saveur ne faut-il pas avoir quelque idée de ce qui précède et de ce qui suit, ne pas ignorer entièrement Lucrèce et Épicure ? Je crois bien que sans cela l'effet restera faible.

Nous concluons donc que la poésie, et surtout la poésie pure, si l'on tient à ce mot, contre lequel je n'ai rien à condition qu'on l'entende, signale le triomphe le plus décisif du langage suggestion sur le langage signe. Et encore ne sommes-nous pas tout à fait au bout de la suggestion. Le mot conserve dans tout ce que j'ai rappelé, une fonction de signe assez nette et assez marquée. On peut aller plus loin.

§ 9. — LE MOT CRÉATEUR DE PENSÉE

Le mot suggestif est déjà à quelque degré, et bien
plus que le mot signe, créateur de pensée et de sentiment. Sans doute le mot créateur de pensée peut
encore être un signe. Mais pour qu'il soit suggestif,
pour qu'il devienne créateur, il lui faut être aussi
autre chose.

Nous ne nous illusionnerons pas sur la nature de
cette création. Le mot, en créant, ne fait guère que
provoquer l'esprit, mettre en liberté, combiner des
forces déjà rassemblées. Il est l'étincelle qui met le
feu aux poudres. Un peu plus cependant car ces forces
qu'il déclenche, il les oriente plus ou moins, leur indique
au moins une direction.

Pour que le mot aboutisse à une création vraie, il
faut évidemment qu'il soit un signe mal compris ou
bien qu'il ne soit pas précisément un signe Encore,
un esprit ne reproduisant jamais absolument la pensée d'un autre esprit, peut-on dire qu'il y a toujours,
même dans le fait de réception le plus passit, quelque
trace d'invention, d'une invention qui ne peut souvent que déformer et dégrader.

Le mot mal compris, le quiproquo, le calembour
involontaire, j'ai essayé d'ailleurs, il y a longtemps[1],
d'en montrer l'influence sur la formation des idées,
des croyances, des sentiments. Le mot mal compris
n'agit plus comme signe, mais comme un excitant subjectif, avec cette particularité, cependant que
cet excitant est pris pour un signe et que l'esprit
commence par inventer, si peu et si mal que ce soit,

1. Psychologie du calembour. *Revue des Deux Mondes*, 1898.

alors qu'il cherche à comprendre et ne croit pas faire autre chose. Continuellement des gens déroulent des séries d'idées et d'impressions, admirent, blâment, critiquent, s'indignent à propos de phrases incomprises. Elles ont suffi à leur suggérer quelques états d'âme qui se développent et se compliquent.

Il n'en faudrait pas conclure que ceux qui ne comprennent que rarement ce qu'on leur dit soient des esprits particulièrement féconds, ni les imbéciles de grands inventeurs d'idées. D'abord en bien des cas le signe mal compris reste tout de même un signe, seulement il est pris pour le signe d'une autre réalité que celle qui l'a produit et que réellement il représente. D'autre part, dans la plupart des cas l'invention reste sensiblement nulle et la suggestion ne suscite guère que des séries d'impressions et d'expressions qui ne s'écartent pas de la routine ordinaire et de l'automatisme. Mais en certains cas, et si l'esprit qui se méprend est original, la méprise peut devenir féconde. Il faut aussi remarquer qu'un certain nombre d'esprits vigoureux et personnels manquent de souplesse et interprètent souvent mal les phrases qu'on leur adresse et les livres qu'ils lisent.

On s'est amusé du type de l'homme qui se laisse entraîner par ses propres phrases et chez qui la pensée suit le mot. « Quand je ne parle pas, je ne pense pas » en est la formule connue. Elle illumine un mécanisme psychologique assez intéressant, le mot n'arrivant pas pour exprimer la pensée, mais au contraire la pensée arrivant pour compléter, expliquer, soutenir la phrase. Le mot ici encore n'est pas à proprement parler un signe. Il le devient sans doute pour l'auditeur qui s'imagine que les mots traduisent une pensée déjà existante, il l'est beaucoup moins pour le parleur en qui les mots se déroulent sans que l'idée les ait provoqués, et, chez qui, au contraire, ce sont les mots qui provoquent l'idée et qui, sans doute, dans une certaine mesure, la créent.

Pourtant l'auditeur ne se trompe pas complètement. Les mots restent encore des sortes de signes. Ils représentent sinon précisément les idées mêmes qu'ils évoquent, simultanément ou peu s'en faut, chez l'orateur et chez ceux qui l'écoutent, du moins une tendance générale, une attitude de l'esprit. Celui-ci, ne les trouverait pas s'il n'était accoutumé déjà à certaines pensées, à certains sentiments, et à certaines expressions verbales qui leur ont été étroitement associées. Les mots restent bien des signes mais, en précisant l'idée, ils engagent la tendance générale en des formules qui la précisent, la développent, la transforment plus ou moins.

La dernière forme de création que nous venons de rappeler est un cas d'autosuggestion. Le mot éveille chez celui qui l'emploie, soit qu'il parle à d'autres, soit qu'il parle à soi-même, à haute voix, à voix basse, ou par le moyen de la parole intérieure, des idées, des sentiments, des impressions. C'est le cas mentionné dans *Jacob Cow* que j'ai cité tout à l'heure. La personne découvre en quelque sorte ses propres sentiments en les énonçant, et parce qu'elle les a exprimés. C'est le cas du poète auquel les mots apportent son inspiration, et encore bien plus du faiseur de bouts rimés à qui les rimes peuvent suggérer continuellement des idées et des images, des impressions qui évoqueront à leur tour d'autres images et d'autres mots. En sorte que les mots appellent, directement peut-être en certains cas, mais indirectement en d'autres, par des idées ou des semblants d'idées, les mots qui les compléteront. La pensée est plutôt en somme, en bien des cas, un intermédiaire entre les mots.

L'observation offerte dans *Jacob Cow* me paraît très exacte. Je suis enclin à croire d'après mon expérience personnelle qu'en adressant certaines paroles à une personne, en la qualifiant nettement on transforme un peu, quelquefois beaucoup l'idée que l'on se faisait d'elle et le sentiment qu'elle inspirait jusqu'alors. On a pensé que certaines épithètes fâcheuses lui convenaient, et tant qu'on ne les lui a pas adressées, on a conservé pour elle une sorte d'estime et de sympathie, mais une fois qu'on lui a affirmé qu'elle les méritait, l'attitude mentale change et les bons sentiments s'atténuent ou disparaissent.

L'autosuggestion par le mot m'apparaît comme un phénomène très inégal, selon les esprits, très variable, mais en somme très général. Lorsqu'on écrit, la phrase et le mot précisent et développent bien souvent l'idée. Et je serais plus affirmatif sur l'immense généralité du phénomène si je ne pensais que l'idée peut exister sans le mot, que l'abstraction fait le fond même de notre activité, que nos tendances mêmes et nos désirs n'ont pas besoin de se formuler en mots pour exister. Mais il n'est guère douteux que les mots les aident à se compléter, et, par conséquent, à se créer.

§ 10. — LE LANGAGE SUGGESTION, LA CRÉATION DE LA PENSÉE ET LA DIFFÉRENCE DES STYLES

Nous voyons donc se développer, non point indépendamment l'une de l'autre, mais distinctement les deux fonctions du langage, la fonction significative d'une part, et d'autre part la fonction suggestive et créatrice. La première fait de la phrase et du mot les signes d'une réalité extérieure, les substituts d'images, d'idées, de perceptions qu'ils sont capables de représenter avec plus ou moins de fidélité, de remplacer avec plus ou moins de bonheur dans la direction de la pensée et de la conduite. Elle tend en somme à assimiler les esprits. La seconde au contraire tend à faire du mot non pas le révélateur, le symbole d'une réalité précise, mais un excitateur de pensées et d'émotions qu'il ne signifie pas directement, le point de départ d'une innovation, une création plus ou moins importante. Et cette fonction peut encore faire naître dans un esprit des idées et des sentiments qui existent déjà dans un autre et que, celui-ci même peut suggérer volontairement à celui-là. Mais elle produit, semble-t-il, plus de différences que de ressemblances entre les esprits. Le retentissement, le prolongement d'un mot ou d'une phrase variera beaucoup, en bien des cas, selon les esprits et un sens même rigoureux et précis ne s'impose pas ici avec la même force et la même généralité.

L'idéal de la première fonction, c'est la précision, la rigueur, l'exactitude, l'idéal de la seconde c'est la fécondité, la pénétration. Tandis que l'une arrête l'esprit dans une attitude précise, voulue, unique en principe, l'autre l'excite, lui ouvre des chemins nouveaux, et tout en indiquant généralement une direction, ne lui impose pas un itinéraire fixé d'avance. Elle ne lui donne pas une forme arrêtée mais le pousse au contraire à créer des formes nouvelles.

Les deux fonctions ne s'opposent pas absolument dans l'abstrait. On peut même croire qu'il est bon de se former d'abord, à l'aide des mots signes, des notions exactes et précises, pour que les phrases qui les exprimeront deviennent, en nous ou chez d'autres, le point de départ de suggestions diverses. D'un autre côté, on peut aussi partir d'une idée suggérée par le retentissement hasardeux en nous de quelque phrase, de quelque mot, pour arriver à des idées précises qui se traduisent par des combinaisons de mot signes. Cette alliance des deux fonctions du langage est certes souhaitable, et, en fait, elle se produit continuellement.

Mais en fait aussi les deux fonctions sont assez souvent opposées l'une à l'autre, et c'est ce qui fait, pour une part, l'éternelle et parfois fâcheuse opposition de l'esprit scientifique et positif d'une part, de l'esprit poétique et imaginatif de l'autre.

Pour illustrer cette différence et cette opposition de fait, je citerai un passage de Jean Ajalbert à propos du style des Goncourt et de leurs aspirations littéraires [1]. « N'ont-ils pas été, dit-il, aussi perspicaces en ce qui concerne le style ? Eux, malmenés comme des anarchistes de la syntaxe, des destructeurs de la tradition parce qu'ils menaient le combat contre le *langage omnibus*, parce qu'ils exigeaient de l'écrivain *l'effort d'écrire*, chacun dans une langue distincte, personnelle, portant en soi sa signature, sans quoi *c'est le reportage substitué à la littérature*. Existe-t-il un patron de style unique, et La Bruyère, Bossuet, Diderot, Saint-Simon n'ont-ils pas usé chacun d'une marque propre jusqu'à la perfection, [2]. Cette formule de 1882 — quel jeune d'aujourd'hui la répudierait : « *Le romancier écrira en vue de ceux qui ont le goût le plus précieux, le plus raffiné de la prose française de l'heure actuelle, et toujours il s'appliquera à*

---

1. Jean Ajalbert, *Les préfaces et les manifestes des Goncourt* dans *Les Nouvelles littéraires et scientifiques* du 31 juillet 1926, p. 2.

2. Quelque chose comme « la prose pure », ou plutôt peut-être « l'art pur » dans la prose.

mettre dans ce qu'il écrit cet indéfinissable exquis et charmant, que le plus intelligente traduction ne peut jamais faire passer dans une autre langue. » Contrairement à Taine qui recommandait une langue traduisible[1], accessible aux étrangers. La préoccupation du suffrage universel en matière de style! » Ajoutons que Brunetière, qui n'aimait guère la littérature des Goncourt, disait que si l'on avait à rendre un sentiment très particulier, très subtil, presque impossible à traduire, c'était précisément celui-là qu'il fallait s'efforcer de rendre avec le plus de rigueur et de précision.

Il est impossible de mettre en plus vive lumière l'opposition du langage signe et du langage suggestion. Ces deux fonctions du langage peuvent devenir le point de départ de différenciations intéressantes. Ni tous les écrivains ne pensent ni ne sentent selon les mêmes procédés, inconscients ou partiellement voulus, ni tous n'aiment et n'emploient le même style. Il est un style qui convient au langage signe et un autre qui convient au langage suggestion. L'idéal des Goncourt et l'idéal de Taine s'opposent ainsi. L'un tend vers le style mathématique, l'autre vers la poésie. L'un veut rendre la pensée aussi exactement que possible, de façon à pouvoir reproduire dans tous les esprits la même représentation, l'autre recherche plutôt ce qui ne peut passer d'une langue à l'autre, ce qui ne peut même passer complètement d'un esprit à l'autre parce que le langage-suggestion ne saurait avoir l'exacte rigidité du langage-signe ni le style artiste ou poétique la précision assurée du bon style scientifique. Il cherche l'impression très spéciale, suggérée

---

1. Mais qui savait pourtant que les mots n'ont pas la même résonance, les mêmes harmoniques, dans des langues différentes. (Cette note et la précédente n'appartiennent pas au texte que je cite.)

plus qu'exprimée, synthétique plus qu'analytique, insuf-
flée par des mots rares, indéfinissables, plus ou moins
détournés de leur sens habituel, et que certains termes,
certaines tournures de phrases, s'ils sont habilement
choisis éveilleront dans quelques esprits. Et la suggestion varie ses effets plus que la signification. Une phrase
comme « la perception extérieure est une hallucination
vraie » dit à peu près la même chose à tous ceux qui
sont capables de la bien entendre, une expression telle
que :

L'ombre était nuptiale.....

ou

Il est des parfums frais comme des chairs d'enfants,
Doux comme les hautbois, verts comme les prairies
Et d'autres corrompus, riches et triomphants,

ne font pas éprouver les mêmes impressions à tous ceux
qui sont capables de les sentir et l'état d'âme des uns
peut valoir pourtant celui des autres.

Le langage-suggestion laisse une plus grande, et plus
légitime liberté à l'esprit récepteur. Qu'on le désire ou
non. Peut-être les Goncourt aspiraient-ils à suggérer la
nuance exacte et précise de leur impression et cela est
assez naturel. Mais même l'esprit qui reçoit des idées
claires, précises exprimées par des mots que l'usage a
polis, roulés, dépouillés de toute fantaisie, les transforme toujours un peu par son interprétation, par l'effet
de suggestion qui vient s'ajouter à leur signification
propre. A plus forte raison l'esprit qui reçoit des termes
particulièrement suggestifs, choisis et assemblés avec le
souci de l'expression rare, fraîche, neuve, doit se laisser
aller à compléter, à développer, à interpréter ce qui lui

arrive, à le sentir à sa façon, à imaginer, à créer des idées qui accordent ses propres sentiments avec ce que l'écrivain lui offre. Ce n'est qu'en transfigurant un peu, plus ou moins, les idées signifiées qu'il se rapprochera de la compréhension véritable, c'est en risquant l'erreur qu'il arrivera à une bonne interprétation. Ce qui dans le premier cas serait inutile, déplacé, même fâcheux est dans le second utile, à peu près nécessaire. Et s'il est sans doute louable de chercher ce qu'un écrivain a voulu dire au juste, le lecteur qui s'en tiendrait là, qui ne saurait pas s'abandonner au moins un peu à ses propres impressions pourrait être un bon psychologue, un esprit rigoureux et pénétrant, il ferait un triste lecteur de littérature poétique.

Aussi devait-on reconnaître la nécessité des divergences, d'autant plus évidente que la fonction suggestive des mots était plus grande et devenait prépondérante.

Dans ses *Entretiens avec Paul Valéry*, M. Fr. Lefèvre donne de « petits essais d'exégèse ». Les commentaires, dit-il, ne sont, bien entendu que des hypothèses sur la pensée et les intentions de l'auteur.

« Quand nous lui avons demandé des explications ou du moins l'approbation de ses propres commentaires, il nous a fait observer qu'il adoptait sur ce point le sentiment de Mallarmé — lequel se refusait de s'expliquer, non point qu'il fût embarrassé de le faire, mais pour le souci constant qu'il avait de fuir ce qu'il nommait le *pédantisme*.

« D'ailleurs Valéry a ajouté : « J'estime qu'une œuvre une fois publiée, l'*auteur* n'a pas plus d'au*torité* que qui que ce soit d'entre ses lecteurs pour interpréter ce qu'il a écrit. L'écrit est un fait. L'écrit est une chose. Il est désormais hors du pouvoir de celui qui l'a engendré d'imposer une signification ou

une valeur quelconque à cet objet. Voilà ce qu'il
faut bien comprendre et qui n'est généralement pas
compris. On pourrait dire aussi que l'œuvre est comme
l'énoncé d'une sorte de problème et il n'est pas dit
que celui qui a énoncé le problème soit nécessairement
celui qui puisse en donner la solution la plus élé-
gante. Et même la littérature n'est-elle pas l'art des
problèmes qui admettent une infinité de solution[1] ?... »

Peut-être soupçonnera-t-on quelque ironie dans les
propos de M. Paul Valéry, l'ironie un peu hautaine et
réservée de l'auteur qui n'est pas toujours très satisfait de l'interprétation qu'on offre à ses écrits mais
qui, les ayant livrés au public, les lui abandonne. Ils
n'en constatent pas moins, quoi qu'il en soit, un
fait bien réel. Et ici nous sommes bien au bout de la
série. Le mot a cessé d'être un signe précis, ayant
un sens délimité, employé pour remplacer, pour faire
revivre, pour communiquer, selon les cas, tel fait, tel
sentiment, telle image, telle idée. Il ne va pas développer chez celui qui le reçoit un état d'âme semblable à l'état d'âme de celui qui l'envoie. Il n'a
plus à proprement parler, et les phrases qu'il compose n'ont plus un sens et une fonction de signe. Chacun va l'interpréter à sa guise selon ses moyens
propres, et n'arrivera pas ainsi à la méprise, à l'in-
compréhension. Chacun ne fait ainsi qu'user légiti-
mement de son droit, proposer sa solution à un problème qu'on lui offre et qui peut admettre une infinité
de solutions. C'est ainsi qu'il a le droit de trouver
dans une tasse de café ou dans un verre de vin vieux
la rêverie, l'impulsion, l'image, l'idée qui lui conviennent et non la pensée de celui qui a tout à l'heure

---

1. Frédéric Lefèvre, *Entretiens avec Paul Valéry*, p. 275.

préparé le café ou jadis foulé le raisin. La phrase n'a pas beaucoup plus de « signification » au sens propre du terme, qu'une cigarette ou une tasse de thé, qui peuvent devenir en certains cas des excitants de la pensée ou du désir, mais ne sauraient prétendre à être des signes ou des symboles.

Sans doute pourtant, même alors, le mot, quoi qu'on en ait, se souvient encore de sa fonction significative, mais le signe devient très imprécis, plus large et plus vague à la fois et la phrase plus encore que le mot perd la qualité d'avoir un sens unique et rigoureux. Elle est un peu comme ces petites « lanternes magiques » que des enfants fabriquaient jadis et où quelques brins de papier de couleurs diverses permettaient à chacun de voir ce qui lui plaisait. Ces bouts de papier ne représentaient rien, par eux-mêmes, mais ils prenaient le sens que leur imposait l'imagination de l'enfant. Toutes proportions gardées, qui sont importantes, chacun a pu se convaincre en lisant certains auteurs, Mallarmé, par exemple, ou Paul Valéry, et les interprétations que l'on en propose, qu'on peut hésiter entre plusieurs sens et que les mots écrits peuvent devenir le symbole ou le signe d'états d'âme, sentiments ou idées, assez différent. Je me souviens que jadis, ayant vu citer quelque part les deux quatrains d'un sonnet de Mallarmé, j'en avais fait le signe d'un ensemble d'idées et d'images d'impressions dont je n'étais pas mécontent, mais que l'on m'avertit n'être pas du tout le bon — car celui qui me renseignait croyait, je pense, qu'il y en avait un bon. Les deux tercets, en effet, ne lui facilitaient pas l'existence. Peut-être, si j'avais persisté, aurais-je pu tout de même m'en accommoder, mais je n'insistai pas. En tout cas, il n'était pas sans doute impossible ni même blâmable d'interpréter en des sens divers quelques vers et quelques images.

La fonction significative est pour ainsi dire renversée dans la fonction de suggestion. Au lieu que le mot signifie l'idée, l'idée impose aux mots leurs sens. C'est une création qui peut se traduire soit par le changement de sens d'un mot, soit, à propos d'une phrase, par la création d'un mythe dont la phrase devient le signe et le symbole pour celui qui crée le mythe et pour ceux qui sentent spontanément comme lui ou bien à qui il a communiqué et fait accepter sa pensée.

Peut-être convient-il encore de démêler dans les propos de M. Paul Valéry, la part du paradoxe, de l'exagération voulue. Ils n'en désignent pas moins un fait intéressant et réel, ils ressortissent au langage signe aussi bien qu'au langage suggestion. Ainsi le langage nous paraît avoir constamment, mais en proportions diverses, selon les occasions, le style choisi, les procédés employés, selon aussi les intentions conscientes ou non de qui l'emploie, une double fonction, un double effet. Il est un signe, il est un excitant, un créateur de sentiment ou de pensée. Il est le substitut d'un état d'âme, évoqué par celui-ci, et il est un évocateur d'états d'âmes. Ces deux fonctions différentes et nécessaires font du langage à la fois un organe de conservation et de transmission et un organe d'invention et de renouvellement.

Elles sont à la fois permanentes et variables. Aucune des deux ne disparaît jamais complètement, mais chacune peut à son tour, s'effacer et presque s'annuler. La table de multiplication est peu suggestive par elle-même, et certaines poésies modernes et même quelques anciennes n'ont sans doute pas un sens précis et pour ainsi dire, obligatoire. Il est des cas où il est ridicule

de vouloir trop préciser, et d'autres où il est dangereux de délaisser le sens précis pour suivre la suggestion. Les différences, en tout cela, ne viennent pas
seulement de l'état d'âme de celui qui parle ou qui
écrit. Certains esprits veulent qu'une tragédie prouve
quelque chose, ait une signification inéluctable, et
à d'autres un indicateur de chemin de fer procure des
rêves enchantés.

§ 11. — TYPES DIVERS

Ces différences dans le fonctionnement d'un groupe
de tendances tel que le langage, peuvent devenir les
caractéristiques de types divers. Les deux fonctions
du langage se rencontrent communément chez la même
personne, se combinent et se remplacent selon les occasions, mais la prédominance de l'une d'elles peut se
remarquer aussi, devenir le signe d'une forme particulière
de l'intelligence ou même sans doute du caractère.
Le type de l'imaginatif, du rêveur, de l'inventeur,
de l'actif un peu agité, s'oppose parfois assez nettement à celui de l'esprit sec, précis, méthodique, rou-
tinier. Les deux types peuvent aussi se rejoindre,
se combiner plus ou moins dans la même personne.
Le premier usera plutôt du langage comme d'un
procédé de suggestion, soit qu'il s'adresse aux autres,
soit qu'il écoute ou lise leurs propos, assurément on
peut découvrir en lui d'autres traits de caractère,
mais je ne m'attache ici qu'à ce qui intéresse notre
sujet actuel. Un des caractères de l'imaginatif, c'est
de se servir de tout ce qui lui arrive du dehors et du
dedans, et, en particulier, des phrases et des mots
pour passer à de nouvelles images, à de nouvelles
idées, s'élancer vers des projets nouveaux, et se pro-

curer de nouvelles impressions. Les mots sont moins des signes d'une réalité déjà formée, que l'appel d'une réalité future ou tout au moins de rêves qui semblent la préparer. Il est aussi des personnes qui ne paraissent guère attacher de sens précis à leurs phrases, mais s'en servir simplement pour arriver à leurs fins. Ces phrases ne sont pas pour elles le symbole d'une réalité, mais simplement le moyen qu'elles espèrent efficace pour orienter en tel ou tel sens l'esprit auquel elles s'adressent. Et sans doute pour cet esprit récepteur la phrase aura gardé plus ou moins sa fonction significative, on peut dire qu'elle l'a à peu près perdue pour l'esprit émetteur. De là une forme assez particulière, et peut-être presque inconsciente du mensonge. L'émetteur qui ne songe guère qu'au but poursuivi, sans penser au sens de sa phrase, ne se préoccupe guère de l'exactitude du sens que le récepteur lui attribuera, et s'indignera peut-être avec quelque bonne foi, si, cette exactitude étant nulle, il se voit accusé de mensonge et de fausseté.

Au contraire l'esprit précis et sec s'attachera plutôt à donner aux mots et aux phrases un sens rigoureux. Il écartera spontanément ou volontairement tout ce qui dépassera ce sens, tout ce qui pourrait être secondairement suggéré. Si même ses sentiments propres l'inclinaient parfois à quelque rêverie douteuse, il leur résistera comme à des tentateurs dangereux, le langage ne sera pour lui qu'un système de signes représentant aussi nettement que possible des faits, des idées, des images, des sentiments. Il arrêtera les prolongements imprévus des mots, les impressions vagues, les idées à côté. Il demandera, après avoir entendu une tragédie : « Qu'est-ce que cela prouve ? » et chicanera volontiers un poète sur le défaut de précision des mots et des images, s'impatientera en disant : « Mais, en somme qu'est-ce que cela veut dire ? » Tandis que l'imaginatif sera porté à se laisser suggérer des idées, des images, des impressions par les propos incohérents d'un fou, par les phrases ternes et pauvres d'un imbécile, comme Léonard trouvait, dans les veines du marbre, des motifs de dessin et le prétexte d'inventions artistiques.

Je ne fais ici que signaler sous leur forme essentielle, la plus simple, la plus exclusive, les deux types opposés où peut se réaliser la domination excessive de chacune des deux fonctions du langage. Dans la réalité on ne trouve pas de formes pures de ces types. Rappelons comme exemple relativement assez net[1] les Goncourt et Taine dont nous avons mentionné tout à l'heure les différences d'idéal en fait de style. Mais n'oublions pas pourtant que Taine avait des qualités de poète et d'imaginatif, bornées en certains points, puissantes en d'autres, et que les Goncourt étaient capables de décrire un paysage avec une minutie très précise et très rigoureuse. Et il est parfois amusant de voir un poète très peu assujetti lui-même à la précision du style relever chez un autre poète de prétendus défauts du langage signe, qui peuvent s'interpréter comme des traits assez heureux de langage suggestion. « Quoi ! vous à qui Néron doit ce jour qu'il respire... », a écrit Racine et en effet on ne respire pas le jour mais l'air, et l'expression choquerait à bon droit dans un traité de physiologie. Mais ici elle fait image, elle évoque à la fois les éléments, les conditions de la vie dont en somme elle symbolise l'ensemble sans beaucoup de rigueur, mais sans s'écarter trop de la fonction significative du langage et en l'aidant, en l'élargissant par un emploi discret encore du langage suggestion.

CHAPITRE II

Les procédés du langage suggestion

§ 1. — Le but et les moyens

Deux langages différents comme le langage signe et le langage suggestion ne peuvent employer les mêmes procédés. Le langage signe vise à transmettre une idée définie au moyen de termes qui la représentent. Il cherchera donc les termes précis qui ne laissent rien échapper de l'idée, qui ne disent rien de plus qu'elle, n'introduisent aucune occasion de doute, aucun prétexte de vagabondage. Ces termes doivent signifier toute l'idée et n'exprimer qu'elle.

Les mathématiques abondent en exemples de langage signe, précis et de portée limitée, soit qu'elles utilisent des mots de la langue commune, soit qu'elles se servent de signes spéciaux, traduisibles en mots de cette langue. Une table de multiplication, un théorème de géométrie, la formule de révolution de l'équation du second degré sont des modèles de langage signe.

Ce n'est pas à dire que l'esprit n'y puisse trouver le point de départ d'une excursion fantaisiste. Où ne le trouvera-t-il pas ? Mais s'il vagabonde, il en est seul responsable. Il ne trouve pas d'excuse ni même de circonstance atténuante dans le langage de la géométrie.

Notons ici une distinction essentielle. Le signe précis,

outre qu'il indique une réalité (une image chimérique
que l'on transmet est bien en tant que telle, une réalité) est aussi une invitation au développement logique
de la pensée et des tendances. Un théorème de géométrie peut faire penser à quelque corollaire. Sa formule
ne relève pas, pour autant, du langage suggestion.
Assurément des expressions plus ou moins heureuses
d'un même fait, d'une même conception peuvent
exciter l'esprit à des degrés divers, tout en restant des
signes. Mais l'esprit en passant de la conception transmise à ses conséquences ne sort pas de la voie ouverte
par le signe et dans laquelle il s'avance plus ou moins
selon ses forces, sans que cela change la nature du langage employé. Si l'on considère que certaines formules
sont plus « suggestives » que d'autres, la suggestion
dont il s'agira restera assez éloignée de celle que j'oppose
ici à la fonction significative du langage. Tout au plus
pourrait-on y discerner un passage de l'une à l'autre.
Celle-là met en jeu la fantaisie individuelle, celle-ci
propose à tous un chemin qui, s'ils y marchent comme
il convient, doit les conduire au même but. Les mots
n'agissent, dans le langage signe, que par l'intermédiaire
des idées, des tendances transmises. Dans le cas de
langage suggestion, de langage créateur il en est autrement, le chemin est beaucoup moins strictement
indiqué, les mots agissent en faisant entendre non pas
seulement plus, mais autre chose que ce que, normalement, ils signifient, en éveillant des idées qui ne sont
pas logiquement attirées par les idées transmises.

Ces deux langages, fort différents, mais constamment
emmêlés, combinés, quelquefois confondus connaissent
des procédés différents. Ce sont ceux du langage suggestion qui nous occuperont ici.

Leur mécanisme commun peut, il me semble, si

nombreux qu'ils puissent être, s'indiquer en quelques mots.

Ils doivent évoquer d'autres idées, d'autres impressions que celles qui sont signifiées par les mots, engager l'esprit à vagabonder autour de ce qui reste, dans le langage suggestion, d'idées et d'impressions normalement transmises, si, comme il arrive souvent, le langage suggestion a gardé quelque chose de l'autre, et en tant que les mots sont encore des signes.

Il faut aussi que l'idée, l'image, le sentiment suggéré ne soit pas entièrement signifié, qu'une part au moins en demeure obscure ou absente, pour que l'esprit supplée à ce qu'on n'a pas dit, retrouve un état d'âme dissimulé par celui qui s'adresse à lui, ou même en crée un nouveau, ignoré de celui qui en a transmis l'amorce.

Divers procédés techniques satisfont à ces conditions. C'est, par exemple, pour évoquer plus que ce qui est signifié, la comparaison, le symbole, la métaphore, l'appel au sentiment (en somme beaucoup de procédés du poête). Pour ne pas imposer une signification pleine et rigoureuse, c'est le style synthétique, le parti pris de ne donner que des détails très incomplets, de laisser inexprimée une partie de l'idée ou du sentiment, de ne rendre que très incomplètement les choses et leurs rapports, c'est encore l'obscurité du langage et l'impropriété des termes. Tout cela oblige l'esprit à se déployer, à vagabonder, à créer plus ou moins, selon sa nature et ses ressources.

§ 2. — L'IMAGE, LA COMPARAISON, LA MÉTAPHORE
ET LE TERME IMPROPRE

La comparaison, la métaphore, la catachrèse, les « figures de rhétorique » en général, procédés si naturels

à l'esprit humain, l' « image » sous toutes ses formes,
tendent, qu'on le désire ou non, à suggérer, avec ce
qu'on veut faire entendre, autre chose aussi. Cette
« autre chose » ne devrait, en principe, figurer que par ses
rapports logiques ou demi logiques avec ce qui est
signifié, et seulement pour le faire mieux entendre.
Mais elle acquiert souvent une importance propre,
elle s'installe pour son compte dans l'esprit, elle évoque
des idées, des images, des impressions qui ne se rattachent pas logiquement à l'idée signifiée. Cela est fâcheux
en certains cas, mais une image sans force et sans
fécondité risquerait de rester inutile et de se voir abandonnée. Ce qui fait le danger de l'image en fait aussi
l'avantage. Les comparaisons où le terme amené par
surcroît n'apporte pas à l'esprit des images, des idées,
des impressions qui ne sont ni logiquement signifiées,
ni strictement nécessaires, restent ennuyeuses, inutiles,
sans valeur littéraire ou psychologique. Elles ne sont
plus alors qu'un auxiliaire du langage signe, dont elles
aident à dégager le sens. Quelqu'un ne comprend pas
une idée, une pratique un peu nouvelle, on l'aide en lui
disant : « c'est comme... » Et s'il connaît le second
terme de la comparaison, cela peut le disposer à comprendre aussi le premier. Ce qu'il y a d'abstraitement
semblable dans l'un et dans l'autre, et à quoi le premier
ne pouvait donner une existence efficace, est introduit
par le second et peut, dès lors, s'installer dans le premier, l'organiser et le fixer. Même en ce cas d'ailleurs
la comparaison peut fort bien éveiller des images qui
compliquent plus qu'elles n'éclairent, qui sont une
distraction plutôt qu'une organisation. Et c'est encore
le langage suggestion qui se substitue indûment au
langage signe, seul volontairement employé.

Cette fécondité de la comparaison et de l'image

de la métaphore, est bien visible dans des effets qui contrarient parfois les désirs de qui les emploie. Chacun sait qu'il est des rapprochements qui exaltent et d'autres qui rabaissent, alors même que, strictement entendus ils ne feraient ni l'un ni l'autre. Mais on est enclin à attribuer au premier terme de la comparaison, à celui qu'il s'agit de comprendre, plus de qualités de l'autre qu'il ne serait nécessaire. Et l'on est aussi porté à croire que l'auteur de la comparaison a voulu signifier ou suggérer qu'il la possédait en effet. Cela est fréquent mais ne se produit pas toujours.

Ce que je dis ici s'applique à toutes les « figures », à tous les procédés qui rapprochent deux ou plusieurs idées. La figure est d'un maniement délicat, et l'on blesse parfois sans en avoir aucune envie. Un jeune homme cause avec un pasteur, son ami, du service religieux auquel il a assisté. Voulant parler d'une pause correspondant au passage d'une partie du service religieux à une autre et ne trouvant d'expression brève et adéquate, il lui échappe de dire : « Pendant l'entr'acte... », sur quoi le pasteur un peu fâché lui signifie qu'il n'admet pas ce rapprochement. Les idées suggérées altéraient le sens abstrait dont la signification était seule voulue.

Souvent la suggestion est recherchée. Huysmans s'était fait une spécialité de l'image dénigrante. Dans une œuvre littéraire la suggestion enrichit souvent l'idée signifiée. Les impressions suggérées n'ont pas la même rigueur, la même précision que celle-ci, elles peuvent varier davantage selon les esprits qui les accueillent, mais c'est une des raisons qui font le prix du procédé. Aussi la suggestion est-elle un procédé littéraire des plus usités.

Barthélemy, dans sa *Némésis* avait attaqué Lamartine de façon assez désobligeante, lui reprochant surtout, au fond, de n'être pas du même parti que lui. Lamartine, lui répondant, se fait gloire de n'avoir pas soumis sa muse à quelque faction :

> Je n'ai point arraché la prêtresse au saint lieu
> A ses profanateurs je ne l'ai pas vendue,
> Comme Sion vendit son Dieu.

La comparaison est assez dure, Lamartine, dit-on, l'avait faite d'abord plus offensante en écrivant : « Comme Judas vendit son Dieu ». Mais elle ne pouvait qu'être désagréable. Le mot « vendue » disait l'essentiel, que la comparaison aggravait seulement en l'enrichissant d'impressions et d'idées variables selon les esprits.

Sans doute la comparaison ici ne s'écarte guère du langage signe, elle se rattache cependant au langage suggestion[1]. La suggestion est loin de revêtir ici la rigueur d'une proportion mathématique ; x est à c comme a est à b, c'est une comparaison aussi, mais une comparaison scientifique, essentiellement significative. Il y a toujours quelque suggestion dans une comparaison littéraire, et même, avec plus ou moins de succès, dans la plupart des comparaisons que l'on emploie pour faire « distinctement entendre une raison ».

La métaphore est une sorte de comparaison implicite et condensée. Prenons-en quelques-unes où figure le lion. Et remarquons en passant ce qu'il entre de convention, d'artifice, d'imitation dans les procédés de ce

---

1. Ce qui en relève plus immédiatement c'est la suggestion que si lui, Lamartine, n'a pas eu ce tort, Barthélemy n'en est pas aussi innocent. Cela n'est pas dit, mais cela est indiqué si clairement qu'on peut reconnaître ici une femme intermédiaire, un mélange de suggestions et de significations.

genre. Peu de gens ont eu l'occasion d'observer de près les lions, peu de gens ont acquis à leur sujet des notions exactes et précises. Mais bien moins de gens encore hésitent à se servir de leur nom et des images anciennes qui entourent ce nom. Une tradition acceptée pour le lion, comme pour l'aigle et quelques autres animaux suffit à les assurer. Il est entendu que le lion représente à un très haut degré certaines qualités de courage, de fougue, de générosité farouche.

Cette convention restreint le caractère suggestif des comparaisons et des métaphores, et nous laisse voir encore comment le langage suggestion se relie au langage signe. Malherbe écrit :

> Prends ta foudre, Louis, et va comme un lion
> Porter le dernier coup à la dernière tête
> De la rébellion.

L'incohérence des images nous avertit qu'il serait inutile et même gênant de se représenter ici visuellement un lion. Le mot « lion » est à peu près ici un simple signe représentant non point un animal mais des caractères de courage, de force, d'élan, de violence peut-être, portés à un très haut degré. Cependant il évoque toutes ces qualités autrement que ne le ferait un terme abstrait. Il ne les signifie pas seulement, il les fait sentir, il en donne une impression plus vivante et plus chaude, plus vague et plus forte, une idée moins dépouillée, moins sèche, que chacun est plus libre d'éprouver ou de penser selon sa nature propre.

De même Napoléon, à Friedland, voyant Ney s'avancer sous la mitraille, s'écrie, nous dit-on : « Cet homme est un lion. » Ici encore le mot est à peu près un simple signe. Napoléon ne songeait guère sans doute à un quadrupède carnassier. Il indiquait seulement, d'un mot bref, un maximum d'audace, en exprimant son admiration et son estime. Cependant supposez que Napoléon ait dit simplement : « Cet homme est très brave » et vous sentirez sans peine la différence de l'effet. Le mot a eu beau devenir un mot signe, au point que le dictionnaire mentionne comme sens figuré du mot lion celui d'homme courageux, l'effet de l'image y persiste encore.

Passons à Racine et à la prière d'Esther :

> ...accompagne mes pas
> Devant ce fier lion qui ne te connaît pas.

Le sens n'y est plus tout à fait le même. Par rapport aux vers de Malherbe, la substitution de la métaphore à la comparaison donne à la phrase une allure plus hardie et plus libre. Lion reste bien encore une sorte de mot signe, mais le sens en est assez peu précis, et prend surtout une sorte d'intensité particulière, qui le rapproche du langage suggestion. Il évoque ici une certaine magnanimité, avec je ne sais quoi de farouche, de courageux, d'impulsif et d'un peu animal. Et nous sommes conviés à sentir et à comprendre comme il nous conviendra, dans de certaines limites, le caractère d'Assuérus.

Dans le fameux vers d'Hernani

> Vous êtes mon lion superbe et généreux.

le terme devient plus suggestif peut-être. Les deux épithètes qui le suivent n'y ajoutent rien de bien inattendu. Le plus caractéristique ici, c'est le possessif « mon », qui suggère plus vivement l'ardeur, la fougue de l'amour de doña Sol. L'union des deux mots caractérise, par suggestion, l'amante comme l'amoureux, et revêt celle-là d'un reflet, plus que d'un reflet des qualités de celui-ci. Elle les unit et les assimile, sans le signifier précisément. D'ailleurs, pour Hernani la métaphore est exactement celle dor' Esther désigne Assuérus. Elle enthousiasma pourtant jadis ou choqua un certain nombre de personnes qui avaient peut être oublié la prière d'Esther, ou qui étaient bien sensibles (un peu confusément, on peut le soupçonner) à tout ce que le possessif ajoute à la métaphore qu'il accentue.

Empruntons enfin à Hugo un dernier exemple :

> Ainsi le Cid qui harangue
> Sans peur ni rébellion
> Lèche son maître, et sa langue
> Est rude, étant d'un lion.

Ici une qualité d'indépendance farouche, un peu dédaigneuse et hautaine est suggérée, en même temps que le souvenir du courage et des exploits de Rodrigue. Plusieurs termes viennent compliquer la métaphore, en rappelant les caractères physiques de l'animal, et en les transférant en quelque sorte dans le monde moral. Le pouvoir suggestif de la métaphore s'en accroît sensiblement.

Et tous ces exemples dégagent bien, semble-t-il, les rapports, l'harmonie et la lutte du langage suggestion et du langage signe. Ils laissent voir en même temps l'importance de la métaphore, son pouvoir suggestif, et cette sorte d'oscillation qui en fait quelquefois presque un simple signe, et parfois aussi lui rend tout son pouvoir en accentuant son caractère distinctif. Je note en passant que j'indique seulement un groupe des métaphores employant le mot : lion. Il en est d'autres. Le lion, n'est pas seulement un homme courageux, c'est aussi ou ce fut un homme à la mode, ou celui qui excite la curiosité. On voit assez en quoi ces sens nouveaux pourraient nous intéresser.

L'image procure d'autant plus de pouvoir suggestif qu'elle se distingue et s'éloigne davantage de l'idée signifiée. Le symbole, sorte de métaphore agrandie, poursuivie, compliquée, incarne l'idée dans un système d'images, d'impressions, d'idées, de notations diverses qui la laissent pressentir et deviner plus qu'elles ne la signifient. Il sera éminemment favorable à la suggestion.

Inversement les expressions très précises, sans retentissement dans l'esprit, sans prolongement autre que logique et régulier, lui seront nettement hostiles. Un terme strictement exact ne suggérera rien alors qu'un synonyme moins précis sera plus efficace. La formule H^2O ne fait pas rêver, *eau* est déjà plus suggestif, *onde* encore plus peut-être, si la maladresse d'un écrivain ne le teinte de ridicule. Mais cela est suggestif encore.

Richepin a voulu jadis dépoétiser les larmes par des vers qui en donnent en termes relativement précis la composition chimique.

> Eau, sel, soude, mucus et phosphate de chaux[1]
> O larmes, diamants du cœur — laissez-moi rire !

Mais il suffit de les nommer larmes ou pleurs pour leur rendre leur prestige. (Remarquons que, dans les vers cités, la diminution du pouvoir suggestif n'est pas seulement due à l'emploi de termes précis et scientifiques, mais aussi à l'analyse, à la substitution au mot dési-

----

1. Richepin, *Les blasphèmes.*

gnant une chose, de mots qui n'en indiquent que certains éléments, sans rappeler le lien qui, par leur union, leur attribue un caractère propre.) Pareillement le mot *carbone* n'empêche pas le diamant de briller, mais ne sait guère suggérer des images éclatantes de luxe et de plaisir.

L'image, la métaphore nous mènent aux termes inexacts. Elles en sont déjà. C'est par leur inexactitude qu'elles agissent, parce qu'elles ne signifient pas toutes l'idée et qu'elles signifient autre chose qu'elle. La suggestion provient d'une signification à la fois incomplète et débordante. C'est pourquoi il arrive assez souvent que le terme impropre est plus suggestif que le mot exact. Il provoque l'esprit, il l'excite, il attire des réactions précisément parce qu'il choque. Verlaine, dans son *Art poétique* plus vrai, plus conforme aussi à son génie rare et incomplet qu'on n'a paru le croire, a fort bien signalé l'influence du mot qui se trouve heureusement employé parce qu'il paraît l'être mal.

> Il faut aussi que tu n'ailles point
> Choisir tes mots sans quelque méprise.
> Rien de plus cher que la chanson grise
> Où l'indécis au précis se joint.

Mais nous pouvons déjà, à côté de l'inexactitude des termes distinguer ici l'intervention de l'obscurité que nous retrouverons plus loin.

§ 3. — LE MÉCANISME DE L'IMAGE ET DE LA MÉTAPHORE

La nature et le rôle de la métaphore et des diverses images usitées dans la littérature ou la conversation varie beaucoup, selon les intentions et selon la sensibilité de qui les emploie et de qui en prend connaissance.

La suggestion est quelquefois voulue, quelquefois involontaire, parfois presque nulle, parfois largement étendue.

On a pu se refuser à y voir en beaucoup de cas, autre chose qu'un simple signe. « Que les Kikouyous, dit Jean Paulhan, appellent la voix lactée « liane du ciel » et la joie « clair de lune du cœur », Céline s'en étonne et désire vivre dans ce pays : « Quels poètes ! » dit-elle. Mais le Kikouyou civilisé fut ému d'entendre que sa liane nous était une voie lactée : « Chemin de lait, la gracieuse image et qu'il fait bon de se mêler à des peuples instruits. » Or Céline n'avait pas pensé au lait, ni le Kikouyou à la liane... »

« Il convient de répondre... à Céline... « ... Céline vous distinguez le clair de lune dans un cœur. Le Kikouyou ne l'aperçoit pas aujourd'hui par habitude du mot ; les premières fois il le distinguait bien moins encore, par souci de distinguer les choses et de ne pas s'embrouiller[1]. »

Les choses se passent bien parfois ainsi, ou à peu près. Nous en avons eu tout à l'heure un exemple avec l'emploi intempestif du mot *entr'acte*. Une image, une métaphore ou une pseudo-métaphore est souvent fournie par quelque préoccupation dominante, par des habitudes de la perception et de la pensée, par quelque association fortuite, dont il n'est pas toujours impossible de discerner la cause, par quelque circonstance actuelle. Elle suppose toujours quelque ressemblance, quelques caractères abstraits qui, appartenant à deux réalités, les unissent dans une même expression. Un villageois est en train de façonner un morceau de bois auquel il enlève les copeaux au moyen d'un instrument

---

1. Jean Paulhan, *Jacob Cow le pirate*.

tranchant. On parle cependant et un personnage qu'il connaît se trouve mis en cause : « Oh ! celui-là, dit-il, en continuant son travail, il ne faudrait pas lui enlever beaucoup de bois pour en faire (j'adoucis les termes) un gros imbécile. » La genèse de l'image et son sens sont bien clairs.

Je crois bien que, même dans des cas pareils, le mot n'est pas un simple signe algébrique. Les images, un peu disparates, que la métaphore introduit, sont encore bien souvent au moins, un peu senties. Mais leur rôle est effacé, leur développement enrayé. Les mots tendent à n'être que des signes. Peut être le deviennent-ils en certains cas et pour certaines personnes, et l'image, je suis porté à le croire, peut alors passer sensiblement inaperçue. C'est quand l'habitude, par exemple, est intervenue ; cela peut arriver aussi pour une métaphore improvisée si le parleur ou l'écrivain ne cherche qu'à se faire comprendre. Parfois il peut n'employer la métaphore que malgré lui, à son corps défendant, il se hâte de n'y plus penser, souhaite qu'on l'oublie. Parfois, il peut s'en amuser, lui sourire au passage, et puis la négliger.

Mais en d'autres cas l'image est aimée pour elle-même, choyée, précisément pour son inexactitude et pour son pouvoir de suggestion. C'est le cas de toute une classe de littérateurs et de poètes, de personnes possédant quelques-unes des qualités du poète ou du littérateur. Ceux-là ne se bornent pas à rendre nettement une pensée qui peut être d'ailleurs compliquée, fuyante, mal définie et inachevée. Ils ont besoin d'en suggérer aux autres les complications, les nuances, les prolongements, les aboutissants auxquels ils ne sont pas toujours arrivés eux-mêmes. Ils ont besoin de se les suggérer à eux-mêmes, de les réaliser dans la mesure du possible. Tout cela ne pourrait s'exprimer dans le langage signe qu'avec une peine infinie et un temps qu'on ne saurait s'accorder.

L'effet varie continuellement selon l'esprit de celui qui se sert du langage suggestion, mais aussi selon les esprits qui le perçoivent. Il se produit parfois chez ceux-ci malgré celui-là, autrement qu'il ne le voudrait ou quand il n'en désirerait point. La réunion de groupes d'images, d'idées, d'impressions, groupes unis par quelques points communs mais très distincts pourtant, que sont les métaphores et les images, offrent au lecteur ou à l'auditeur plus que la pensée signifiée et autre chose que cette pensée. Et les esprits y trouvent, chacun selon ses qualités propres, des occasions de suivre au delà de la pensée signifiée l'esprit de l'écrivain, ou bien de vagabonder, de construire des édifices d'images et d'idées qui lui appartiennent en propre, et qui prolongent en des sens nouveaux, qui transforment ou qui font abandonner même l'état mental signifié par l'écrivain ou l'orateur.

Il est des esprits gauches et paresseux, d'autres trop arrêtés et comme cristallisés, d'autres qui sont mal disposés pour le moment, ou qui ne possèdent pas les connaissances, les désirs que les circonstances exigeraient. Pour ceux-là le mot pourra n'être qu'un signe plus ou moins bien compris, même simplement un son, ou un assemblage de petits caractères noirs sur une feuille blanche. Il en est qui manquent de sens littéraire, n'entendent point la poésie, et déplorent que l'on se torture à exprimer péniblement des idées qu'une ligne de prose rendrait sans peine avec plus de netteté. Il en est qui ne comprennent rien aux allusions et qu'un jeu de mots ahurit. Toutes les variétés d'esprits sont possibles et l'on peut remarquer parfois les plus opposées dans une même personne, selon les circonstances, ses dispositions et les sujets traités. Mais il suffit pour reconnaître la fonction suggestive du langage que tous les esprits à des moments différents, et un certain nombre d'esprits très souvent, soient sensibles à la métaphore, à la poésie et dépassent de beaucoup et en des sens divers la pensée signifiée.

On sent et on comprend ce que peuvent ajouter au sens strict des phrases une « figure » heureuse par des vers comme ceux-ci et comment le sens même y est suggéré plus qu. signifié :

> Il n'avait pas de fange en l'eau de son moulin.
> Il n'avait pas d'enfer dans le feu de sa forge.
> Sa barbe était d'argent comme un ruisseau d'avril.
>
> (HUGO.)

Et la même pièce, *Booz endormi*, exceptionnellement riche, en contient bien d'autres. Baudelaire, Verlaine nous en donneraient aussi de bien caractéristiques :

> Et les yeux attirants comme ceux d'un portrait
> Vous êtes un beau ciel d'automne, clair et rose
> Et comme un long linceul traînant à l'Orient,
> Entends, ma chère, entends la douce nuit qui marche.
>
> (BAUDELAIRE.)

> O mes morts, tristement nombreux
> Qui me faites un dôme ombreux
> De paix, de prière et d'exemple.
>
> (VERLAINE.)

Le mécanisme de la suggestion est toujours le même. Grâce à des ressemblances partielles, la « figure » amène à l'esprit des images, des impressions qui ne sont pas toutes nécessaires à la pensée signifiée, qui parfois peuvent sembler la contrarier, qui pourtant l'enrichissent, la varient, la prolongent, la rendent d'autant plus attrayante que chacun peut évoquer celles qui lui plaisent instinctivement le mieux, lui permettent d'agir avec plus de vivacité non seulement sur nos idées, mais sur nos sentiments.

Pourquoi et comment le « ruisseau d'avril » vient-il se comparer à une barbe blanche et qu'apporte cette expression ? Après les pluies du printemps, dans la montagne, les ruisseaux plus abondants se brisent dans le lit décharné des torrents et jettent plus d'écume sur leurs pierres. L' «argent » intervient ici à la fois comme métal précieux, et pour sa blancheur qui rapproche et associe celle du ruisseau et celle de la barbe du vieillard. Ce n'est peut-être pas qu'elle ressemble plus à chacune d'elles que les deux autres ne se ressemblent, mais la *barbe* et le *ruisseau* évoquent des formes qui ne s'accordent guère, *argent* n'indique aucune forme précise et supprime ainsi ou plutôt atténue une disparate, car il ne faudrait pas qu'elle disparût tout à fait. De plus, le *ruisseau d'avril* anime des idées et surtout des impressions de jeunesse, de printemps, de fraîcheur et de force, et, par prolongement, de vagues images d'amour, ou tout au moins une disposition à les accepter et à les sentir. Tout cela en d'autres circonstances ne s'accorderait guère au vieux Booz, mais convient fort bien à l'idylle tardive que présente la légende de Ruth. Hugo n'a peut-être pas voulu expressément suggérer tout cela — et le reste, — mais l'attitude de sa pensée a dirigé le choix des images et des mots. Et nous, en le lisant, nous n'analysons pas tout d'abord l'image, mais la suggestion se produit en chacun de nous selon sa nature, même si nous n'en prenons pas une conscience bien nette. Nos impressions, sans toujours s'affirmer fortement, se fondent en un état d'âme où même des éléments qui pourraient paraître discordants concourent à l'harmonie de l'ensemble et qui diffère beaucoup de celui qu'aurait produit une phrase comme : sa barbe était blanche.

Parfois l'analyse est difficile. Pourquoi des yeux sont-ils attirants « comme ceux d'un portrait » ? Et qu'est-ce que cela peut bien suggérer ? On peut croire que Baudelaire songeait à quelque portrait dont le regard le hantait — mais lequel ? Sans doute le lecteur interprétera cela selon son expérience, ses souvenirs, ses impressions. Mais un trait caractéristique, c'est que pour exprimer et faire valoir l'attrait d'une tête vivante, le poète la rapproche d'une peinture. Un autre aurait plus volontiers exalté un portrait en y retrouvant l'impression de la vie. Mais Baudelaire aime l'art, l'artifice, le mensonge. *L'amour du mensonge*, c'est le titre de la pièce où se lit le vers que je commente. La comparaison s'accorde fort bien avec l'ensemble du morceau, elle en fortifie et en utilise à la fois l'esprit général. Elle nous rappelle aussi que l'art est quelquefois et par certains côtés supérieur à la nature, qu'il crée des êtres plus purs, en transformant, en exagérant leurs caractères, elle nous rappelle que l'art ouvre des mondes irréels mais enchantés, qu'il est le refuge de ceux que la réalité opprime ou dégoûte, qu'il peut être une sorte de haschich consolateur et purement psychique. Et c'est toute une conception de la vie, toute une forme de sensibilité qui sont suggérées par une simple comparaison. Et sans doute elles peuvent ne pas se formuler, mais l'attitude de l'esprit s'adapte à elle et suscite des impressions qui s'y rattachent et l'impliquent.

Le pouvoir des images s'épuise. Une métaphore qui entre dans le langage courant tend à devenir un simple signe. C'est ainsi que nos langues sont faites de mots suggestifs qui peu à peu ont perdu leurs prolongements. Nous pouvons constater continuellement cet effet de l'usage. Un terme nouveau amène en général avec lui tout un cortège d'impressions, d'images, de pensées qui ne sont pas étroitement associées à son sens précis, et vont s'égrener peu à peu, parfois assez vite. Des expressions, que la mode propage plaisent par une certaine « beauté du diable » rapidement disparue et finissent par être plus vieillies que les anciennes expressions passagèrement dédaignées. Certaines de ces expressions ne valent guère, d'ailleurs, que par le prestige éphémère donné par les circonstances à ceux qui les ont lancées.

Il faudrait distinguer. Certains mots paraissent bien avoir perdu leur pouvoir évocateur primitif. *Muscle* ne fait plus songer à un rat, et *tête* ne rappelle en rien une écuelle cassée, à moins qu'on ne s'occupe de linguistique.

Mais ces mots en perdant une partie de leur force ont pu en conserver une autre, acquérir aussi une valeur nouvelle. A une époque et dans un milieu où le sport règne, un mot comme *muscle*, s'il ne suggère plus l'idée d'un rat peut éveiller des idées, des impressions de vie active, de force, de santé, de triomphe, qui exciteront l'intérêt, enrichiront momentanément, compliqueront, fortifieront un état d'âme — et qui ne viendraient peut-être pas à l'esprit d'un anatomiste peu enclin aux exercices physiques. Les mots se chargent différemment selon les esprits, les temps, la vie sociale et les habitudes particulières.

Certaines phrases métaphoriques, certaines « figures » ont aussi perdu leur influence suggestive. Elles sont devenues des sortes de signes, mais le contraste entre l'ambition de la forme et la pauvreté de l'effet les rend parfois ridicules. Elles suggèrent alors des impressions de maladresse, de médiocrité, de prétention grotesque à l'élégance ou à la dignité. On n'ose plus parler sérieusement du « Char de l'État ». Parfois aussi persiste un charme agréable et suranné, un parfum presque évaporé mais plaisant encore. On peut sourire avec quelque sympathie à l' « aurore aux doigts de rose ». Certes on n'oserait guère en employer l'expression. Mais en la lisant dans quelque livre de jadis, l'état d'âme qu'elle fait naître est certes bien différent de celui qu'évoquerait une expression scientifique, une phrase signe.

Certes, la métaphore, la « figure », ne sont pas indispensables au langage suggestion. De simples associations de mots qui ne constituent pas des métaphores gardent un pouvoir considérable, malgré l'habitude et parfois à cause d'elle. Car, comme on peut « nourrir un aimant », ou nourrit aussi en quelque sorte une image en la rappelant, en l'exerçant. L'art, la poésie conservent le pouvoir évocateur des mots en les enchâssant dans des phrases où ce pouvoir se fixe et dure et s'accroît. Il est des vers de Racine plus chargés d'idées et d'impressions aujourd'hui qu'ils ne le furent à leur naissance. Le vers de Phèdre : « Dieux ! que ne suis-je assise... » ; la phrase de Chateaubriand : « La cime indéterminée des forêts », peuvent sauver, tant qu'il y aura des Français, et qui sauront lire, la valeur suggestive de « forêt » qui y est si grande et qui devient nulle ou très différente, pour un fonctionnaire qui, dans son bureau, s'occupe d'une coupe à faire dans les domaines de l'État ou de la mise en adjudication d'un droit de chasse. Pourtant la forêt est par nature, pour l'imagination des citadins, une source assez abondante d'impressions vives.

Cette valeur que la poésie conserve, c'est elle aussi qui souvent la crée par des rythmes, par des rapprochements de mots et des associations d'images auxquelles cette association même confère un pouvoir qu'aucune d'elles ne possédait, comme l'eau a des vertus que ne montrent ni l'hydrogène ni l'oxygène. Le mot *indéterminé* n'est pas très suggestif par lui-même, encore qu'il se prête assez bien à le devenir, et la phrase de Chateaubriand le rend singulièrement évocateur. On commenterait de même les « rivages antiques des mers », ou « cette obscure clarté qui tombe des étoiles ».

L'épithète suggestive, agit un peu comme de la métaphore. Comme celle-ci, elle éveille des idées quelque peu disparates, elle produit une sorte de surprise féconde. Elle se distingue assez nettement de l'épithète simplement descriptive, qui, pourtant, n'est pas toujours privée de pouvoir suggestif. Pour revenir à Atala : « des serpents verts, des hérons bleus, des flamants roses », cela contribue à nous donner outre ce que cela signifie strictement, l'impression d'une nature riche, exubérante, variée et libre, un peu incohérente et différente de celle que nous avons coutume de voir.

*
* *

On peut se demander en quoi consiste au juste cette ressemblance qui réunit, qui amalgame des images très éloignées l'une de l'autre, par exemple le lion et l'homme. Ici c'est le courage, la magnanimité, la force, le caractère farouche qui font la jointure, on les attribue à l'homme et ils sont inhérents à la conception traditionnelle et convenue du lion.

Ces qualités que nous retrouvons ainsi dans les deux idées qui s'unissent sont-elles bien les mêmes dans l'une et dans l'autre ? Sont-ce les mêmes éléments psychiques qui les représentent en nous, comparables par exemple au même individu qui fait partie de deux sociétés différentes. (Mais cet individu est-il bien le même quand il passe d'un groupe social à un autre, et de sa famille à la caserne ? c'est de quoi l'on pourrait discuter.) Ou bien y a-t-il un acte de l'esprit rapprochant deux réalités distinctes ? La blancheur de la barbe de Booz et celle d'un ruisseau d'avril sont-elles représentées à nous, partiellement au moins, par les mêmes éléments psychiques ou restent-elles séparées comme le sont dans le monde matériel une barbe et un ruisseau ? C'est un problème de psychologie qui n'intéresse guère la question du langage suggestif.

Il ne me semble pas qu'il comporte une solution exclusive. En certains cas l'identité au moins partielle des éléments est vraisemblable. En d'autres, elle est douteuse, pour le moins très restreinte. Cette identité suppose qu'il se forme en nous des images, ou plutôt des habitudes, des tendances extrêmement abstraites, et qu'elles interviennent dans des représentations assez différentes dont elles sont un élément commun. Admettant, comme l'expérience ne le montre, et comme la raison m'y invite, ainsi que j'ai tâché de l'établir ailleurs, l'existence de pareilles tendances, je pense qu'elles peuvent agir ainsi et bien des faits me paraissent confirmer cette manière de comprendre les choses.

Un élément intervient très généralement et avec efficacité. C'est cette impression qui accompagne nos états d'âme divers et en signale le retentissement en nous, notre réaction personnelle vis-à-vis d'eux, notre façon de les apprécier et de les sentir. La blancheur de la neige n'introduit pas seulement en nous une perception, suivie plus tard d'une image. Elle détermine aussi une sorte d'impression d'ensemble assez complexe, un jugement senti, une réaction de la personnalité qui organise ces perceptions et ces images. Or, si la perception de la voie lactée et celle du lait, l'idée d'un lion et l'idée d'un homme courageux diffèrent beaucoup, les réactions de l'esprit devant elles se ressemblent davantage, si bien qu'elles se traduisent souvent pas les mêmes phrases. Et l'on comprend mieux, semble-t-il, la liaison des idées différentes évoquées par la métaphore si l'on considère cette réaction du moi, qui fait aussi partie, en somme, à certains égards de chacune de ces idées, qui est devenue pour nous l'un de leurs éléments.

§ 4. — L'APPEL AU SENTIMENT

L'appel au sentiment se mêle souvent à l'emploi de la métaphore et des figures diverses sans se confondre avec lui.

Il est d'observation courante qu'une légère discordance des images, la rencontre, la combinaison, le conflit de séries d'images, de tendances diverses et par suite l'emploi de mots, de phrases susceptibles d'évoquer ces idées et ces tendances, sont des conditions favorables à la naissance de faits de l'ordre affectif. L'émotion, l'impression affective, ne vont pas sans un peu de trouble, de mélange, de confusion dans l'état mental. Ils y trouvent leurs conditions d'existence [1], et tendent généralement à les aggraver, tout d'abord au moins, en augmentant la variété des tendances en jeu, leur force et leur complexité. Aussi les faits affectifs

---

1. Voir à ce sujet : *Les phénomènes affectifs et les lois de leur apparition.*

sont-ils plus facilement provoqués, toutes choses égales d'ailleurs, par le langage suggestion que par le langage signe, et réciproquement ils inspirent bien plutôt celui-là que celui-ci. Il est très rare qu'on exprime un sentiment comme une vérité mathématique.

Aussi le langage suggestion fait-il assez communément, par instinct ou par volonté consciente, appel à l'émotion pour provoquer ou faciliter le groupement des images, des idées, des tendances, pour déterminer l'esprit récepteur non seulement à penser, mais aussi à sentir et agir comme le désire l'esprit émetteur qui écrit ou qui parle. Il n'est pas rare d'ailleurs que la suggestion provoque des réactions affectives en dehors de l'intention de l'émetteur, parfois contre son intention et sans qu'il l'ait prévu, comme j'en ai donné des exemples.

L'appel voulu au sentiment est par lui-même un essai de suggestion (au sens où je prends ici ce mot). Il implique en général que le langage signe n'aurait pas l'efficacité voulue. On ne déchaîne pas des passions par des raisonnements suivis, où tous les mots ont un sens strict et précis, on ne se fait pas aimer par raison démonstrative. A l'inverse on ne fait pas appel au sentiment pour exposer la théorie de la soustraction, pour indiquer le chemin de la gare. On s'adresse au sentiment quand il s'agit de suppléer à l'impuissance des idées précises et des mots signes, quand il faut exciter une tendance indécise, entraîner une volonté mal disposée, que des arguments serrés laisseraient inerte. Et l'on espère que les mots suggestifs (il y a souvent intérêt à les choisir un peu vagues, capables d'éveiller des idées diverses et des sentiments variés) vont amener l'esprit à penser et agir comme on le désire. Au contraire, on ne fera pas appel au sentiment et l'on emploiera le langage signe, quand on fait appel à une tendance forte, bien organisée. On n'a pas besoin de faire appel au sentiment et d'user du langage suggestion pour décider un fils dévoué à rendre un petit service à sa mère. Il suffit de lui expliquer nettement la situation. Avec un fils un peu indifférent, le langage suggestion et l'appel au sentiment ne seraient pas superflus.

Il arrive assez souvent que le langage est suggestif par accident, ou qu'il l'est tout autrement qu'on ne l'aurait voulu. Dans la foule, un soir de feu d'artifice, un petit débat s'élève. L'un des interlocuteurs finit par dire : « Voilà plusieurs fois que je vous corne aux oreilles... » Sur quoi l'autre se fâche tout rouge. Et comme, un peu surpris, des gens intervenaient : « Oh ! je sais bien ce qu'il voulait dire en parlant de corne... » Le terme avait été pour lui très suggestif. Une métaphore mal comprise peut causer des discordes, et les suggestions non voulues entraînent parfois d'étranges résultats.

En beaucoup de cas les idées et les images sont suggérées par l'intermédiaire d'une tendance, d'une émotion plus directement mise en jeu et qui est elle-même le résultat de la combinaison d'images et d'idées suggérées ou signifiées d'abord. Des images qui flottent dans l'esprit autour d'une phrase comme : « Sa barbe était d'argent comme un ruisseau d'avril », se dégage une sorte d'impression émotive qui à son tour est une condition favorable pour la multiplication d'idées, d'images et d'impressions nouvelles. Les différents procédés que je signale s'enchevêtrent et se combinent. L'émotion, l'impression affective, le sentiment sont à la fois des effets et des causes. Ce sont des moments dans une procession continue de phénomènes ; quelques vagues qui se dressent çà et là et dont nous pouvons discerner un peu les antécédents et les effets à la surface d'une mer agitée.

En somme, l'émotion résulte de la mise en jeu plus élargie et moins systématisée, plus forte et moins strictement limitée, des tendances. Et elle a pour effet, au moins en bien des cas, de frapper l'esprit plus vivement et plus fort, en développant ce léger trouble dont elle est née, d'accroître l'activité mal systématisée des tendances, de faire ainsi penser, sentir, agir, autrement, davantage, mais moins rigoureusement que n'aurait pu le faire l'idée précise introduite par une phrase signe ou reçue comme telle par l'esprit. L'appel au sentiment par le langage suggestion, est ainsi d'un usage continuel dans l'art oratoire, dans la poésie, dans l'exhortation, le reproche, toutes les fois qu'il s'agit de décider, en vue de l'action, l'attitude d'esprits qui hésitent encore, qui ne sont pas décidément orientés. Et il n'est pas rare même lorsqu'il s'agit simplement de répandre des idées, de fixer l'opinion sur des points de science ou de philosophie, lorsqu'on exprime son opinion sur quelque chose ou sur quelqu'un.

§ 5. — LE STYLE SYNTHÉTIQUE

Si le langage suggestion évoque au delà de ce qu'il signifie, il néglige bien des éléments de la pensée qu'il doit transmettre ou susciter.

C'est là un de ses grands procédés, qui se traduit par le style synthétique. Le style synthétique a pour caractéristique essentielle de suggérer tout un ensemble au moyen de quelques rares détails ou d'un détail unique qu'il s'agit de choisir aussi évocateur et aussi suggestif que possible.

Le langage n'est pas seul à s'en servir. Son rôle est peut être plus nettement visible dans la peinture où il est en ce moment très recherché. On s'y défend de tout dire, on ne nous présente que l'essentiel, ce qui doit nous donner l'image ou l'impression de l'ensemble, où aucune lacune ne nous choquera, même si nous la remarquons. Les caractères suggestifs seront abstraits, isolés, exagérés même par l'artiste, le reste doit être imaginé, senti, par nous selon nos moyens. Et l'on est frappé parfois, en examinant de près un tableau, de la différence entre ce que nous avons vu, quand nous le regardions de la distance convenable et ce qui s'y trouve réellement représenté.

Sans doute ce n'est là que le développement d'une pratique nécessaire. Un peintre ne saurait représenter toutes les feuilles d'un arbre, ni Balzac nous raconter tous les traits d'avarice du père Grandet. Il n'y en a pas moins une différence éclatante, de ce point de vue, entre Delacroix et Meissonier, par exemple.

Il faut, dans le style synthétique, que les éléments omis ne soient pas trop logiquement impliqués, et inévitablement signifiés par les éléments conservés. Il faut ne pas employer une expression toute faite, où une figure quelconque, métaphore ou métonymie n'est plus qu'un signe précis. Il faut encore qu'il y ait quelque intérêt à ce que l'ensemble suggéré soit reconstitué ou senti, que la synthèse proposée soit nécessaire à la pleine compréhension. Ce n'est pas se servir du style synthétique que de parler d'un éleveur qui possède quatre cents *têtes* de bétail, ni de ne pas nous dire tous les détails de la vie d'un héros de roman, s'ils ne doivent rien ajouter d'intéressant à l'idée que nous en avons.

Ce procédé de ne pas tout dire ne nous épargne pas

seulement les détails d'un objet, mais aussi bien des idées et des impressions. Tout le monde l'emploie, mais il est particulièrement net, et plus pleinement réalisé dans le style synthétique.

Il y a longtemps que Michel Bréal, esprit pénétrant et bon psychologue, signalait ce qu'il appelait les « idées latentes du langage ». « Je me propose, disait-il en 1868 à ses auditeurs du Collège de France, de montrer qu'il est dans la nature du langage d'exprimer nos idées d'une façon très incomplète et qu'il ne réussirait pas à représenter la pensée la plus simple et la plus élémentaire si notre intelligence ne venait constamment au secours de la parole et ne remédiait par les lumières qu'elle tire de son propre fonds, à l'insuffisance de son interprète. Nous avons une telle habitude de remplir les lacunes et d'éclaircir les équivoques du langage qu'à peine nous sentons ses imperfections. Mais si, oubliant pour un instant ce que nous devons à notre éducation, nous examinons un à un les éléments significatifs dont se composent nos idiomes, nous verrons que nous faisons honneur au langage d'une quantité de notions et d'idées qu'il passe sous silence et qu'en réalité nous suppléons les rapports que nous croyons qu'il exprime. J'ajoute que c'est parce que le langage laisse une part énorme au sous-entendu qu'il est capable de se prêter au progrès de la pensée humaine [1]. »

Ainsi Bréal avait bien su reconnaître à la fois ce que la pensée gardé toujours d'inexprimé, et l'utilité, la nécessité de cette imperfection apparente — et, en un sens, très réelle — du langage. M. F. Brunot indique aussi le rôle constructif de l'esprit, et mentionne ce qu'il

---

1. Michel Bréal, *Les idées latentes du langage,* publié dans les *Mélanges de mythologie et de linguistique.* p. 300-301.

appelle les rapports implicites des mots : « Il arrive
très souvent, que les rapports ne sont marqués par rien
du tout. Les mots ne sont ni accordés ensemble ni
rapprochés, ni placés à un endroit caractéristique.
L'esprit n'en saisit pas moins sûrement les relations
qu'ils ont entre eux. Il faut reconnaître que le français
moderne, contrairement à la langue logique du xviii[e]
aime ces phrases sans rapport apparent : *Un mur de la
Souleïade fut renversé, qu'on ne put remettre debout,
tout un écroulement dont la brèche resta béante.* (Zola,
Dr *Pasc.* 276)[1]. »

Même dans les relations des éléments matériels du
langage, pour ainsi dire, l'activité de l'esprit trouve à
construire, et le langage suggestion s'oppose ici déjà
au langage signe. La « langue logique du xviiie » représente un langage signe par rapport au langage, plus
recherché par le français moderne, qui indique avec
moins de rigueur et de régularité les relations des mots
et laisse à l'esprit le soin de les établir. D'une manière
générale peut être pourrait-on dire que notre langue
classique, en ce qui concerne le matériel du langage,
les relations des mots, serait plutôt un langage signe,
et que le romantisme, le naturalisme, le symbolisme,
la pratique de l' « écriture artiste », toutes les innovations
faites depuis un siècle ont tendu à faire prédominer un
langage relativement suggestif. Ceci comporte des
réserves et des distinctions. Il est sûr qu'à certains
égards Racine et La Fontaine sont beaucoup plus suggestifs que Théophile Gautier.

Le style « synthétique » est-il exactement qualifié[1] ?
Il suppose, certes, une analyse bien caractérisée. Les
éléments de la pensée y sont dissociés. Ce qui est syn-

1. Ferdinand Brunot. *La pensée et le langage*, p. 5.

thétique ici, c'est l'opération finale de l'esprit, c'est le but poursuivi qui est bien de suggérer un ensemble. Cette synthèse constructive se produit quand l'opération réussit heureusement, dans l'esprit de celui qui emploie le langage signe et de celui qui le perçoit. L'expression de « style synthétique » employée en langage signe serait donc assez inexacte. Elle est elle-même un exemple de ce qu'elle veut représenter.

Il est cependant des cas où la synthèse est réalisée par le langage même et par exemple, dans la métaphore où le même mot désigne à la fois des réalités distinctes et les évoque, les fusionne sans détailler leurs rapports. La comparaison est plus analytique. La métaphore, la catachrèse aussi sont des sortes de comparaisons condensées. Les choses y sont présentées avec inexactitude pour l'être plus vivement. Elles expriment d'un seul mot, en faisant appel au travail de l'esprit des choses que la comparaison distingue en en alourdissant l'expression par ses « comme » ses « ainsi que » et ses « tel » répétés.

Le style synthétique est donc assez divers. En voici quelques exemples :

Madame de Sévigné parle de la « feuille qui chante ». Edmond de Goncourt, racontant les amours d'une actrice note que « les érotiques heures de cette nuit, à la pendule de la chambrette sur laquelle la Faustin avait jeté sa fanchon, sonnaient voilées de dentelles [1] ». Un peu plus loin nous lisons que, poussant un volet, « de la branche d'un grand arbre tout rapproché de la fenêtre, le concierge fit envoler un gazouillement effrayé [2] ». Racine écrit :

Quoi, vous à qui Néron doit le jour qu'il respire...

1. E. de Goncourt, *La Faustin*, p. 217.
2. Id., *id.*, p. 220.

Ce ne sont point là manières scientifiques de parler. Une feuille ne chante pas, des dentelles ne voilent point un heure érotique, un gazouillement n'a point d'ailes pour s'envoler et l'on respire l'air, non le jour. Mais ces expressions sont plus fraîches, plus suggestives, plus synthétiques aussi, je veux dire suggérant plus d'idées, d'images et d'impressions en moins de mots, que des phrases de notation analytique, comme celle-ci qui traduirait l'expression de Mme de Sévigné en langage exact et précis : « Les oiseaux chantaient dans les arbres, sans être vus, de sorte qu'on eût pu croire, si l'on n'avait eu quelque connaissance des choses, que c'étaient des feuilles elles-mêmes qui chantaient. » De pareilles balourdises ne vaudraient que comme parodie ou, prenant alors une valeur suggestive, pour exprimer la manière de penser et de parler d'un personnage.

Le style synthétique oblige ainsi l'esprit à plus d'activité, il lui laisse plus de liberté, exige de lui plus de spontanéité. C'est ce qui fait sa valeur et son agrément.

« Le secret d'ennuyer est celui de tout dire », a-t-on remarqué depuis longtemps. L'image, la métaphore, les « figures » en général sont précisément des moyens de ne pas tout dire, et de faire ou de laisser entendre beaucoup plus qu'on ne dit. C'est de là que vient leur vertu.

Des poètes nous ont souvent proposé d'entendre ainsi ce qu'ils ne nous disent pas. Quelques-uns ont beaucoup exigé de nous. Parfois, il est vrai, ils nous accordent le droit de choisir entre plusieurs interprétations. Et en effet il semble bien que les exégètes de bonne volonté, qui tendent la main au lecteur pour franchir les passages périlleux, ne sont pas toujours bien sûrs de leur direction. On prétend que Téodor de Wyzewa, vers la fin de sa vie, n'était plus convaincu d'avoir apporté une solution définitive à quelques problèmes posés par Mallarmé, « auteur difficile », affirmait Catulle Mendès.

Pour mon compte j'ai cru parfois sentir que certaines pièces de vers étaient plus intéressantes quand le mystère les enveloppait encore. Il y a plaisir à voir flotter devant l'esprit des images qui glissent, s'effacent, reviennent. En fixant l'esprit sur un sens définitif, une interprétation bonne ou mauvaise, fait disparaître l'attrait de l'indéfini, du possible multiple et divers, qui pouvait compenser ou dépasser le plaisir de l'énigme résolue. Ce plaisir est réel, mais quelque ombre de tristesse accompagne aussi un parti pris, une croyance fixée, un choix sur lequel on ne reviendra pas. Chacun, selon les circonstances et selon sa nature, sentira plus ou moins le plaisir de la synthèse ou l'ennui des perspectives qui se ferment. Parfois aussi la réalité reste inférieure à l'illusion. On a cru entrevoir une haute tour dans la brume d'une poésie. La brume dissipée, il reste un pigeonnier.

Ce plaisir de la suggestion hésitante et multiple qui dérive du style synthétique se rattache assez étroitement aux effets de l'obscurité que nous rencontrerons plus loin, se confond en partie avec eux. Tout se tient et quand on visite une ville on est obligé de passer plusieurs fois par les mêmes rues. Il n'est guère douteux que le style synthétique doive une partie de sa force et de son charme à ce qu'il a forcément d'indéfini.

§ 6. — LE STYLE SYNTHÉTIQUE ET L'ANALYSE

Voyons d'un peu plus près un des procédés du style synthétique. Cela nous aidera, j'espère, à mieux en comprendre le mécanisme et les effets.

Ce procédé consiste à ne pas nommer par le mot qui le désigne, un objet, un sentiment, une réalité quelconque, mais à présenter quelques-uns de ses détails qui doivent en suggérer l'ensemble, nous amener à le désigner nous-même.

Voici un début de roman : « Ils étaient cinq, aux carrures terribles, accoudés à boire dans une sorte de logis sombre qui sentait la saumure et la mer. Le gîte, trop bas pour leurs tailles, s'effilait par un bout comme l'intérieur d'une grande mouette vidée, il oscillait faiblement en rendant une plainte monotone, avec une lenteur de sommeil[1] ».

Les exemples de ce procédé foisonnent. Il en est de plus caractérisés. En voici un qui l'est moins. Je l'emprunte à un récit de Pouvillon et je le cite de mémoire sans garantir l'exactitude absolue des termes : « Tout à coup, la route se rétrécit, le sol se fit plancher. L'Innocent traversait le Garenne sur le pont suspendu. »

Ici l'objet est bientôt nommé, la série des détails évocateurs est bien courte. L'effet est produit pourtant et nous avons une autre impression que si l'on avait simplement nommé, ou nommé tout d'abord le pont. Dans la description de Loti le nom de bateau n'est pas employé, l'impression est plus forte et se prolonge un peu plus. La suggestion est d'ailleurs assez facile. Les premiers mots peuvent laisser quelque équivoque, on peut songer à quelque salle de cabaret au bord de la mer. L'indécision, certes, ne dure guère et l'on est tout à fait fixé à la quatrième ligne. Mais les images, et les impressions, évoquées d'abord pour elles-mêmes, sans être rattachées à un ensemble familier et classé,

1. Pierre Loti, *Pêcheur d'Islande*, p. 3.

en gardent plus de fraîcheur. Le nom du bateau risquerait d'éveiller surtout des idées abstraites, de nous faire négliger les impressions particulières que l'auteur veut que nous éprouvions. De plus nous sentons un moment, si court soit-il, l'attrait de l'imprévu, du mystère, et celui d'une activité personnelle assez facile. Tout cela est très caractéristique du langage suggestion où la collaboration du lecteur est plus importante, où le choix de nos pensées, quoique parfois obligatoire, n'est pas imposé tout d'abord et nous laisse l'impression, pas tout à fait illusoire, de la pensée personnelle et relativement libre.

La synthèse proposée suppose faite l'analyse qui isole les données de l'observation. C'est dans le choix de ces données qu'un auteur prouve le degré, la nature de son talent. Il s'agit pour lui de prendre des détails à la fois caractéristiques, rares si possible, mais compréhensibles, un peu imprévus, capables d'intéresser, de faire impression, suggestifs sans que leur prolongement dans l'esprit ait l'air obligatoire, soit trop facile ou trop malaisé.

Ce procédé ne va pas sans périls. Trop subtilement ou trop lourdement employé, il aboutit à l'énigme, à la platitude, à la périphrase ridicule, aux descriptions à la Delille :

> Dressé par un lourdaud, instruit par le bâton,
> Sa parure est un bât, son régal un chardon,
> Pour lui Mars n'ouvre point sa glorieuse école,
> Il n'est pas conquérant mais il est agricole.

On comprend sans peine, mais sans beaucoup de plaisir qu'il s'agit de l'âne. Peut-être aura-t-on un peu plus à penser pour reconnaître les moulins à vent de Montmartre :

> La montagne qui vers le pôle,
> Borne nos fertiles marais
> Occupe les enfants d'Éole
> A broyer les dons de Cérès...

Je crains seulement qu'on ne s'y intéresse guère davantage, si ce n'est pour s'en amuser. Le procédé, pour la psychologie, est d'ailleurs exactement semblable à celui de Loti au début de *Pêcheur d'Islande*. Et il n'est pas sans analogie avec celui de Mallarmé, plus compliqué pourtant et plus subtil. Aussi a-t-on pu se complaire à rapprocher Mallarmé de Delille. On retrouve bien dans mes deux dernières citations, cette manière de désigner une chose sans la nommer, par quelques-uns de ses éléments. La différence esthétique des résultats tient au choix des éléments et au style qui les présente.

Mais de tels procédés ne s'en écartent pas moins du style synthétique, les détails y sont multipliés, ils arrivent à composer une sorte de description analytique, les périphrases abondent. Au lieu de dire peu de mots pour suggérer beaucoup, on entasse les mots pour signifier assez peu de chose, et les périphrases, trop usées, ou sans intérêt ne suggèrent aucune idée imprévue, aucune impression rare.

La métaphore qui appartient aussi au style synthétique, suppose aussi une sorte d'analyse. En unissant deux êtres, elle sépare des autres un certain nombre de leurs caractères, et n'en propose pas l'évocation, mais, au contraire l'écarte. Il en est de même de la comparaison, beaucoup moins synthétique d'ailleurs. Si l'on compare quelqu'un à Napoléon ce n'est pas en général suggérer qu'il est Corse ou faire allusion à ses malheurs conjugaux. Quand on dit qu'un homme est un lion, on fait abstraction de tout ce qui, dans le lion, caractérise la bête seule : l'intelligence plus rudimentaire, l'absence de langage articulé, les griffes, la queue, la crinière, l'odeur de fauve, etc., et d'autre part de bien des qualités de l'homme qui ne sont point celles dont la convention a paré le lion : son habitude de fumer, par exemple, ou son goût pour la musique. Cependant les qualités dont l'image est écartée, restent dans la pénombre de l'esprit et ne perdent pas toute influence. L'analyse a relâché, sans les rompre, les liens des divers éléments.

Cette persistance obscure, cette sourde résistance des images, des idées et des sentiments, il est facile de les reconnaître au long de la vie courante et j'en ai déjà présenté certains cas. Elle provoque des maladresses, mais elle permet aussi des allusions méchantes, malicieuses ou flatteuses. « Mon armure est en or », dit l'affiche d'une fabrique de bijoux en doublé. Et la réclame est ingénieuse. Elle attire l'attention sur le côté brillant du bijou et le fait bénéficier des impressions évoquées par l'image. Elle tend à faire oublier que l'on ne demande pas à un chevalier d'être tout en or, et suggère vaguement que ce qui se cache sous l'or est encore plus précieux que lui.

L'isolement de quelques éléments d'un tout est aussi un moyen employé par le style synthétique pour dénigrer ou pour exalter, pour suggérer des impressions qu'il ne provoque pas directement. Ici le style synthétique a pour objet de supprimer de faire oublier la synthèse normale, de la remplacer par une autre plus simple, plus basse ou plus haute, selon les cas. « Le jeu d'échecs, — disait quelqu'un qui ne l'aimait guère, — pousser du bois sur du bois... » La suggestion méprisante s'obtient ainsi en isolant un détail dans un ensemble et en tendant à le substituer à cet ensemble, ou à le faire considérer comme le plus essentiel. Le jeu d'échecs ainsi défini apparaît comme un passe-temps d'enfant ou d'idiot. Ainsi se trouvent associés, comme dans la métaphore, des actes, des objets qui ne se ressemblent que par certains côtés, essentiels dans l'un, très secondaires dans l'autre. Et de cela ressortent des impressions de dénigrement ou de plaisanterie, ou les deux à la fois.

Les exemples abondent de cet emploi d'un caractère isolé. Appeler les fantassins les « pousse-cailloux », les Italiens : « mangeurs de macaroni », les Français : « mangeurs de grenouilles », dire du pêcheur à la ligne qu'il « s'évertue à tremper du fil dans l'eau ». Voilà quelques faits pris un peu au hasard et qui suffisent à en rappeler la généralité.

Le procédé, s'emploie aussi pour ennoblir et rehausser en masquant, en tâchant de faire oublier une part de la réalité — plus ou moins importante selon le point de vue. En 1825 on discutait à la Chambre des pairs la loi sur le sacrilège. Elle punissait de mort l'auteur de la profanation des vases sacrés et des hosties consacrées, le vol commis la nuit, avec violence, dans une église, et soulevait de fortes oppositions. Bonald parla pour la défendre et termina son discours en disant : « Quant au criminel, que faites-vous par une sentence de mort, sinon de l'envoyer à son juge naturel. » Ainsi était écarté tout ce qui pouvait choquer le plus dans la loi proposée, et mis en relief tout ce qui pouvait la faire paraître raisonnable et juste. Bonald la rapprochait de mesures légales, acceptées, honorées (affaires examinées selon leur nature par des tribunaux différents) et la revêtait en même temps d'une incomparable grandeur

par l'intervention du juge suprême, infaillible et sou-
verainement juste.

Il va de soi que l'analyse que comportent le langage
suggestion et le style synthétique n'est pas une analyse
scientifique, complète et rigoureuse. La dissociation
n'y est pas un but, même secondaire ; elle ne doit paraître
que dans la mesure où elle peut servir à la synthèse
cherchée par l'orateur ou l'écrivain, pour aider à
suggérer tel sentiment, telle image ou telle idée.

§ 7. — L'OBSCURITÉ

Si la clarté, si la précision sont les qualités essentielles
du langage signe, l'obscurité, à des degrés très divers,
et avec des nuances innombrables, paraît inhérente au
langage suggestion. Aussi l'avons-nous déjà rencontrée.

Les termes suggestifs en effet ne signifient pas ce
que l'on doit entendre et signifient autre chose que lui.
Si certaines associations d'idées communes ou des
habitudes prises les font parfois comprendre aisément,
encore laissent-ils quelque place à l'hésitation, exigent-
ils, de l'esprit, un peu plus de travail. Le début de
Pêcheur d'Islande n'est pas obscur, il laisse tout d'abord
l'esprit dans une indécision qu'un mot signe lui enlè-
verait. Diderot nous est témoin que l'expression « pousser
le bois » signifiait : jouer aux échecs. Elle eût été bien
équivoque à qui n'aurait pas connu cette convention.

Les détails offerts peuvent être choisis de telle sorte
que, très suggestifs, même évocateurs d'images précises
pour qui les choisit, ils ne disent rien de bien net à qui
les reçoit, s'il doit s'en contenter. Il peut, avec eux,
ébaucher ou construire plusieurs ensembles d'idées,
comme aussi demeurer impuissant à en réaliser un seul.
Il sera toujours assez malaisément certain d'avoir

restitué la pensée qui lui est communiquée et l'auteur
ne se souciait peut-être pas beaucoup que son lecteur
reproduisît bien fidèlement sa pensée. Il pouvait chercher surtout à fixer pour lui-même ses souvenirs ou ses
rêves, et se contenter d'éveiller chez les autres des impressions plus vagues, s'en remettre à eux de les compléter à leur gré.

Verlaine abonde en obscurités précieuses. Voici en
exemple une pièce de *Sagesse* :

> Le ciel est par-dessus le toit
>   Si bleu, si calme !
> Un arbre par-dessus le toit
>   Berce sa palme.
>
> La cloche, dans le ciel qu'on voit
>   Doucement tinte,
> Un oiseau sur l'arbre qu'on voit
>   Chante sa plainte.
>
> Mon Dieu, mon Dieu, la vie est là,
>   Simple et tranquille
> Cette paisible rumeur-là
>   Vient de la ville.
>
> Qu'as-tu fait, ô toi que voilà,
>   Pleurant sans cesse,
> Dis, qu'as-tu fait, toi que voilà,
>   De ta jeunesse ?

On n'arriverait guère, avec ces vers, à les bien entendre. Sans doute se bornerait-on à l'idée d'une tristesse enfermée, teintée de regrets et de remords peut-
être, à qui arrivent quelques pauvres visions, quelques
sons assourdis du dehors. Aucune synthèse précise
ne s'impose et chacun peut sentir et rêver à son gré.
Mais cette poésie vaguement suggestive pour nous est
très précise pour Verlaine. Les quelques images et

les quelques impressions qu'il nous donne s'enchâssent pour lui dans un ensemble bien défini, alors qu'ils ne restent pour nous que des fragments épars, quelque chose comme des morceaux pris un peu au hasard, d'un jeu de patience.

Verlaine lui-même nous explique ailleurs comment il faut entendre ses vers. Il était en prison, dans une cellule.

« Par-dessus le mur de devant ma fenêtre, dit-il (j'avais une fenêtre, une vraie ! munie, par exemple, de longs et rapprochés carreaux), au fond de la si triste cour où s'ébattait, si j'ose ainsi parler, mon mortel ennui, je voyais, c'était en août, se balancer la cime aux feuilles voluptueusement frémissantes de quelque haut peuplier d'un square ou d'un boulevard voisin. En même temps m'arrivaient des rumeurs lointaines, adoucies, de fête (Bruxelles est la ville la plus heureusement rieuse et rigoleuse que je sache). Et je fis à ce propos, ces vers qui se trouvent dans *Sagesse*[1]. »

Ici tout est clair, le langage signe triomphe, les détails viennent se ranger, chacun à sa place, dans le cadre présenté d'abord. Le récit en prose satisfait bien mieux notre curiosité, si nous en avons. Les vers, obscurs ont une autre force émotive, un autre pouvoir de suggestion, un prolongement et des ramifications plus grandes dans notre sensibilité, beaucoup plus de finesse et de charme. Sans doute l'effet est dû pour une part aux émotions qui s'y indiquent mais pour une bonne part aussi à la façon dont elles s'y expriment et qui décide de la nature qu'elles prennent en nous.

Il est des vers plus obscurs que ceux de Verlaine. Ce fut jadis un jeu, de citer, pour en rire ou pour s'indigner

1. Verlaine, *Mes prisons*, p. 31-32.

— deux attitudes où s'essaye volontiers un désir d'être supérieur — les poètes symbolistes. Mais peut-être mettait-on quelque coquetterie à ne les point entendre. Voici quelques vers que j'emprunte à une citation de Jules Lemaître, et qu'il juge n'avoir « pas plus de sens que le bruit du vent dans les feuilles ou de l'eau sur le sable [1] ».

> En ta dentelle où n'est notoire
> Mon doux évanouissement
> Taisons pour l'âtre sans histoire
> Tel vœu de lèvres résumant.

> Toute ombre, hors d'un territoire
> Se teinte itérativement
> A la lueur exhalatoire
> De pétales de remuement.

Je ne dis pas que ces vers soient très suggestifs, mais c'est peut-être un peu parce qu'ils sont encore assez clairs et précis pour ne pas exciter un bien grand intérêt. Si l'on peut encore leur trouver quelque force de pénétration, ils le doivent aux métaphores inusitées (vœu de lèvres, pétales de remuement) au sens inattendu de certains mots (notoire, résumant, exhalatoire, etc.), et à des associations de termes qui surprennent un peu. Quelques pièces de Mallarmé offriraient des vers d'interprétation plus malaisée. M. Paul Valéry, dont la technique vaut celle de Mallarmé qu'elle rappelle souvent et dont la pensée est plus intéressante, en donnerait aussi [2].

Le charme de l'obscurité est dans le champ des possi-

---

1. Lemaître, *M. Paul Verlaine et les poètes symbolistes et décadents.* (*Les contemporains*, IVe série, p. 67.)
2. Le *Cimetière marin* peut être choisi comme exemple très remarquable de style synthétique et d'obscurité suggestive.

bilités qu'elle ouvre à l'esprit, dans le travail qu'elle lui impose. L'esprit hésite, et ne sait en quelle voie s'engager, mais c'est un plaisir d'en entrevoir quelques-unes et d'en imaginer, sans bien y entrer encore, les agréments. Les mots ambigus, les phrases équivoques, quand le rythme les groupe, semblent particulièrement doués du pouvoir de suggérer des images, des idées, surtout des impressions émotives qui font vibrer, pour ainsi dire, les fibres les plus secrètes du moi, sans que nous les reconnaissions toujours. Au contraire les mots reproduisant simplement et strictement la pensée d'autrui les laissent plus inertes. Leur masse est trop forte, dirait-on, et leur force insuffisamment délicate pour pénétrer jusqu'à elles, et la pensée d'autrui trop nette gêne à certains égards la nôtre. Ainsi l'obscurité de la nuit favorise des visions, des illusions, des émotions que le grand jour contrarie.

L'obscurité littéraire en particulier convient à cette émotion singulière qui résulte d'une excitation générale de l'esprit si cette excitation ne peut se spécialiser, se résoudre en désirs précis, en regrets définis, en aspirations, en idées bien nettes. Elle subsiste sous une forme indéterminée, sorte de sentiment de pouvoir inemployé, de virtualité qui cherche à passer à l'acte, et donne déjà une agréable impression de force personnelle à déployer, une sorte de pressentiment de satisfactions futures. Cette émotion diffuse me paraît analogue à des sentiments généraux assez connus. A l'entrain, au bien-être, à la générosité que produit une surabondance de force inemployée, comme il arrive dans certains états de santé, dans la jeunesse, après une bonne nouvelle, lorsque la disposition à l'action s'affirme sans être urgente ni bien précise. Et peut être plus encore à cette impression de mélancolie, d'abattement, de « bon-

heur taciturne et toujours menacé » qui accompagne
certaines dépressions. Il semble que dans des cas pareils
certains sentiments profonds, nuancés, subtils, cachés,
soient vaguement mis en jeu.

Un simple mot peut déployer une obscurité passagère favorable à la suggestion, en rompant les associations ordinaires et en excitant l'esprit au travail. Il
suffit pour cela que ce mot revête un sens qui quoique
souvent logique, légitime, n'est pas son sens usuel,
parfois un sens un peu détourné, ou bien rapproché du
sens étymologique un peu désuet, parfois « un sens plus
pur ». Ce procédé peut s'employer partout en littérature, il est frappant dans un titre de livre, où, se trouvant seul, il ne peut être immédiatement expliqué
par le contexte. Même résultat obtenu par la désigna-
tion plus rare de rapports entre objets, images, idées,
émotions, par la suppression d'idées intermédiaires,
par des procédés de rhétorique moins usités mais aussi
acceptables en somme que les figures classiques, et
qui deviennent plus suggestifs en s'écartant davantage
de la nature du simple signe.

La célèbre pièce de Mallarmé sur Edgar Poe, une de
ses mains obscures et l'une de ses meilleures, nous présente quelques obscurités, au moins virtuelles, résul-
tant du style synthétique. Si elle a peut-être un peu perdu
de sa puissance, ce n'est que pour être trop connue,
et trop aisément comprise. Mais elle gagne par là une
force différente.

> Tel qu'en lui-même enfin l'éternité le change...

Un esprit non entraîné et ami de la logique peut être
un peu troublé par un être qui se trouve changé en lui-
même. Il ne faut pas un bien long commentaire pour en

montrer la valeur, mais la contradiction apparente, la contradiction dans les termes qui s'y étale donne au moins un petit heurt, un commencement d'obscurité, une surprise excitante. Et le vers dit en ses dix mots ce qui ne pourrait être analytiquement exprimé, et avec beaucoup moins d'efficacité qu'en plusieurs phrases.

Toute la pièce est écrite de la sorte, synthétiquement, en raccourci. Certes on y peut hésiter parfois entre deux sens. Même les expressions dont le sens arrive à être très clair, comme elles ne précisent guère de détails, permettent encore la variété des impressions, et, si l'on se plaît à cet exercice trop décrié, la diversité des commentaires. Mais c'est aussi en cela que s'affirme la valeur du sonnet, dans cette création d'une attitude assez nette, mais plus libre, moins esclave de la lettre que ne l'exigerait une rédaction analytique, d'une disposition à sentir et à imaginer plus vivement.

Prenez un titre de livre : *Charmes* par exemple. Vous pouvez hésiter, vous méprendre. Vous en entendez le vrai sens, si vous ouvrez le volume et n'y trouvez que vers. Vous songez à *Carmen*, mais les différents sens du mot et de ses dérivés laissent encore flotter tout en les compliquant, les idées et les impressions. Le sentiment serait différent si nous aviez lu sur la couverture : *Essai de poésie* ou *Poëmes*. Cet état d'âme que suggère le livre doit être adapté au genre du recueil. Et souvent c'est cette convenance qui décide le choix ; le titre commence la suggestion que développera le livre (cf. les *Feuilles d'automne*, les *Chants du Crépuscule*, les *Fleurs du mal* et tant d'autres). Quelquefois il est plus précis, technique, moins évocateur : *Odes et ballades, Jocelyn, Sixtines*, etc. L'auteur seul peut être qualifié pour trouver un titre suggestif, et quand on publie l'œuvre d'un autre on emploie plus volontiers un mot signe comme « dernières poésies » ou « poésies posthumes ». Le titre suggestif fait bien plus partie de l'œuvre.

Si l'on nous parl d'une revue intitulée *Commerce* nous nous y tremp ons peut-être si nous n'avons pas d'autre renseignement. Pourtant quelque méfiance est possible. Une revue commerciale n'arborerait guère un titre aussi peu explicite, et se baptiserait plutôt : *Revue du commerce, Les intérêts des commerçants,* tout au moins *Le commerce.* Selon le caractère de la publication tel ou tel genre de titre analytique ou suggestif doit être accueilli. Un titre énigmatique serait sans doute étrange sur une grammaire latine destinée à des élèves. Même écrit pour un public bien différent, un livre de ce genre exige encore plus de précision et de clarté. Un titre plutôt suggestif devra être commenté, et l'on aura, par exemple, *Eulalie ou le grec sans larmes* et le *Guide-âne universel, moniteur de l'enseignement.*

L'obscurité est suggestive, la lumière est significative. Le langage suggestion suppose toujours quelque obscurité, au moins quelque prénombre qui permet ou favorise ses effets. Le langage suggestion pêche en eau trouble.

Sans doute une certaine obscurité tient à la différence même des esprits. Personne ne comprend tout à fait personne, et même le langage mathématique est toujours à quelque degré un langage suggestif tandis que d'autre part les mots et les phrases ne cessent jamais absolument d'être des signes. Les deux fonctions du langage sans jamais se séparer tout à fait restent pourtant bien distinctes, se développent différemment. Et il est visible que l'obscurité convient mieux à la suggestion qu'au signe.

Si par ailleurs elle sert la suggestion, elle ne suffit

pas à la produire. Il est des obscurités infécondes, soit par leur nature propre, soit par la maladresse de l'écrivain ou du lecteur. Un théorème de géométrie est très obscur pour qui ne sait rien des mathématiques, mais sera rarement suggestif. Une phrase très précise, mais écrite dans une langue que l'on ignore restera obscure et souvent infertile. Cependant la nature des sons évoqués, de vagues analogies de forme, le rythme apparent, etc., peuvent déclencher des séries d'images, d'idées, d'émotions. C'est une sorte de jeu accepté ou d'accident pathologique dans le fonctionnement du langage.

Dans les cas de ce genre on sait ou l'on croit souvent que l'obscurité ne vaut que par notre ignorance, que ce qu'on imaginera sera faux, inutile, hors de propos. Cette attitude arrêtera souvent le jeu de l'esprit, si l'esprit n'est pas celui d'un imaginatif intempérant ou un peu infatué de ses dons de divination. L'obscurité féconde est celle d'où l'on pense pouvoir faire sortir quelque série d'idées, d'images, d'impressions qui ne jure pas ridiculement avec ce qui est réellement signifié, où l'on cherche, où l'on trouve parfois ce qui n'y a pas été expressément déposé, mais inclus en puissance. Ce pouvoir de suggestion d'une part, et d'invention. d'illumination, d'intuition de l'autre, varie forcément avec les esprits, avec l'esprit émetteur et aussi avec l'esprit récepteur, et par conséquent avec les milieux et les temps. Ces variations sont assez considérables, la part de l'émetteur et celle du récepteur sont assez diverses pour que l'on puisse hésiter en certains cas, sur la valeur réelle de l'un ou de l'autre et sur la part que chacun d'eux a prise au résultat. Même parfois pour qu'on puisse douter qu'il soit légitime de porter un jugement et peut-être que ce jugement puisse avoir un sens.

L'obscurité ne doit pas être considérée seulement dans le rapport de deux esprits, mais aussi dans chacun d'eux. Il ne faut pas, non plus, la considérer comme un état essentiellement transitoire et dont il faut chercher à se débarrasser au plus vite. On peut s'y plaire et même y trouver son profit. L'obscurité est une attente sans doute, mais l'attente vaut parfois mieux que la réalisation, elle ouvre des perspectives plus variées, plus agréables. Il suffit que dans l'obscur on sente des possibilités diverses, et qu'on y trouve ou qu'on y devine l'occasion de se construire des images, d'éprouver des impressions. Parfois quand l'obscurité cesse, ou décroît, la déception arrive. La suggestion disparaît et la signification la remplace sans avantage. Pareille aventure peut arriver avec certaines poésies de Mallarmé. Les possibilités diverses que recèle l'obscur lui font une valeur propre et singulière.

D'autre part, certains esprits ont besoin de comprendre vite et nettement. Ils détestent l'obscurité, s'y sentent mal à l'aise, comme d'autres ne peuvent supporter la demi-clarté fuyante du soir et réclament la lumière dès que les objets, autour d'eux, s'enveloppent de mystère. Ceux-là sont peu sensibles aux charmes du langage suggestif et de ses indécisions. Ainsi les effets du langage varient toujours selon les esprits et aussi selon les moments et les circonstances.

Aussi le succès des œuvres où le langage suggestif use de l'obscurité, appelle-t-il aisément de fortes réactions. On en peut juger en ce moment. Et certes, quelques auteurs ont pu abuser ou mesurer de l'obscurité, j'entends ici de l'obscurité qui s'attache au langage suggestif, non point de celle dont ont pu souffrir par exemple, les lecteurs de quelques philosophes dont la pensée est précise, et rigoureusement exprimée, et qui ne rentre pas dans notre sujet. Il n'en reste pas moins que le langage suggestion et le langage signe gardent tous les deux leur utilité. Ils répondent à des besoins différents, inégalement répartis.

CHAPITRE III

Quelques incarnations du langage suggestif

La poésie. — L'art de persuader. — L'esprit

§ 1. — LA POÉSIE

Tout ce qui précède nous fait entendre que la poésie est une des grandes incarnations du langage suggestion. Nous avons déjà vu que la « poésie pure » doit à ce langage sa nature et ses vertus, les procédés qu'il emploie viennent préciser ses rapports avec la poésie. Celle-ci est souvent, et plus volontiers que la prose, obscure à quelques degrés, du genre d'obscurité qui favorise la suggestion. Elle use plus que la prose des images, des métaphores, des comparaisons point trop rigoureuses, elle analyse moins, elle fait plus souvent appel au sentiment, à l'émotion, elle démontre moins, elle est plus favorable à la rêverie errante, à la libre fantaisie de l'imagination. Elle signifie moins et suggère davantage. La différence est si nette que la prose qui suggère beaucoup devient poétique, et que la poésie qui veut signifier plus qu'elle ne suggère se rapproche de la prose.

De plus le rythme des vers, plus régulier, mais cependant, chez quelques grands poètes, très varié encore, les jeux de la rime paraissent disposer l'esprit à recevoir et à développer à sa guise les germes d'idées et d'impressions qui lui parviennent, l'entraînent à penser, à rêver, à sentir, favorisent la suggestion. Peut-être ne sont-ils pas sans quelque analogie avec les passes des magnétiseurs, encore que la suggestion examinée s'éloigne beaucoup de la suggestion hypnotique. Elle soumet moins l'esprit qui s'y abandonne. Sans doute l'hypnotisé manifeste encore sa personnalité dans sa façon d'accepter la volonté de l'hypnotiseur, sans doute d'autre part, le lecteur se soumet jusqu'à un certain point à l'auteur, mais sa pensée reproduit plus fidèlement la pensée de celui-ci dans le cas du langage signe que dans le cas du langage suggestion. Il est vrai que, pour cela même, le langage signe provoque plus facilement les objections et les réfutations, au moins quand il est bien compris, c'est-à-dire quand il remplit bien sa fonction et prend sa vraie nature. D'autre part, il ne faut pas nier que certaines ressemblances n'unissent la poésie et la suggestion hypnotique. La poésie est un art, et les rapports de l'art et de cette suggestion ont été mis en lumière par Bergson et par Paul Souriau, mais ce n'est pas ce côté de la question que j'examine ici.

La poésie apparaît comme une synthèse des conditions favorables au langage suggestion. Elle réunit celles qui résultent directement de la nature psychologique de l'homme, et celles qui, comme la technique du vers, ont été ajoutées aux premières par le travail humain et la vie sociale.

Ces qualités diverses se renforcent les unes par les autres. Les premières doivent aux autres de mieux pénétrer l'esprit, de l'émouvoir plus aisément, plus profondément peut être ou plus largement. Mais les occasions ne manquent pas de voir ce que deviennent ces dernières et le peu qu'elles valent lorsqu'elles restent seules, si elles n'arrivent pas, grâce au génie de

quelque créateur de rythmes, à évoquer en quelque sorte
les premières, ou tout au moins à en simuler l'apparence.

Il ne paraît guère douteux que le poète doive souvent
à la nécessité de la rime, de la mesure et du rythme
une part de son inspiration. Le jeu des bouts-rimés
n'est peut-être qu'une sorte d'exagération et de parodie
d'un procédé normal. Quand le poète travaille librement
c'est la pensée qui détermine le choix des mots, cependant comme le nombre des rimes n'est pas illimité,
les mots doivent aussi en retour intervenir pour proposer le choix des images, des idées et des impressions
secondaires. La rime invite le poète à se servir de mots
qui ne signifient pas toujours rigoureusement sa pensée,
qui l'indiquent plutôt. Ils l'incarnent en des images qui
peuvent la compléter, la travestir, la transformer ou
la déformer. Ils sont le point de départ d'un travail de
reconstitution qui la reproduira dans l'esprit du lecteur
avec plus ou moins d'exactitude. La mesure et le
rythme agissent sur un autre plan, dans un sens analogue. Tout cela favorise le travail de la suggestion,
l'impose même au poète, car il commence, lui aussi,
par adapter ses idées, ses images, ses impressions aux
mots qui s'offrent à lui, et qui peuvent ne pas être
ceux qu'avait élus d'abord sa pensée naissante. Celle-ci
va se transformant plus ou moins sous l'influence des
mots évoqués par les nécessités de la rime, de la mesure
et du rythme. Et si la pensée se produit tout d'abord
en harmonie avec ces nécessités du vers, si elle naît
parée, équipée, prête à prendre sa place dans le cortège
qui se déroule. Elle ne peut rester telle qu'en s'interdi-
sant tout écart vers une précision supérieure, vers une
plus sévère exactitude. Aussi la langue de la poésie
diffère-t-elle de celle de la prose, j'entends de la prose

qui n'est pas poétique — car on a pu essayer de combiner certains caractères de la poésie subjective sans se soumettre aux lois du vers, de même qu'on a pu tâcher d'assouplir ces lois pour favoriser soit la signification, soit la suggestion, d'en restreindre le nombre ou de les transformer.

Les écrivains en vers qui se plaignent de la rime, qui paraissent gênés par le rythme et la mesure paraissent être en général ceux qui ne sont pas vraiment poètes, qui cherchent plutôt à signifier qu'à suggérer. Boileau est un bon exemple de ce type malheureux. La rime le tourmente, et en se plaignant d'elle il nous prouve bien qu'elle lui joue d'assez mauvais tours :

> Dans les combats d'esprits savant maître d'escrime...
> Et sans qu'un long détour t'arrête ou t'embarrasse...

C'est que Boileau est bien mieux doué pour le langage signe que pour le langage suggestion et qu'il ne sert guère que du premier même lorsqu'il croit s'abandonner à l'ivresse de l'inspiration. L'*Ode sur la prise de Namur* est à ce sujet instructive et amusante. Et lorsqu'il cherche l'image, il en trouve d'assez malencontreuses. Il appelle les coups de fusil des « éclairs aux loin homicides », il parle de « dix mille vaillants Alcides » qui en font « pétiller les remparts ». S'il se guinde à appeler « astre » la plume blanche dont Louis XIV orne son chapeau, c'est une hardiesse qu'il juge poétique, qu'il explique et dont il s'excuse, mais elle est plus gênante que suggestive. Le mouvement général est vif, assez entraînant, mais c'est bien la seule qualité qu'on y puisse remarquer, et partout éclate la discordance entre la prétention et le résultat. On a fait remarquer que Maupassant, dans les vers de ses débuts,

paraît gêné par la mesure. Il était lui aussi plus significatif que suggestif. Et quand on lit quelque vers de
Veuillot, on comprend aisément que cet excellent écrivain ait préféré la prose et qu'il ait fait servir le vers
lui-même à la célébrer. Alexandre Dumas fils aussi
a médit des vers, bien qu'il crût les faire « agréablement ».
Il a bien montré que les conditions mêmes de la poésie
peuvent gêner la pensée, en fausser l'expression,
et il a bien choisi son exemple en critiquant Boileau à
cette occasion. Mais il n'a pas vu que c'est précisément
en gênant la pensée, en l'obligeant à se formuler sous
certaines conditions, en ne lui permettant pas toujours
l'expression exacte, précise et claire, que le vers peut
servir la pensée même, la rendre plus subtile, la réduire
à des formes qui vont plus vivement provoquer la
pensée et l'émotion du poète et du lecteur, suggérer à
celui-ci des états d'âme inspirés sans servilité de ceux
du poète et, ne les reproduisant pas exactement, créer
ou développer le charme spécial et pénétrant de la
poésie.

Quand la prose veut à son tour rechercher les effets
de la poésie elle est obligée de se servir des mêmes procédés, de ceux que sa nature lui permet, de prendre
garde au rythme, à la coupe des phrases tout autrement
que ne le ferait un traité d'algèbre; de chercher l'image,
de choisir parfois des mots peu usités dans la langue
courante, plus capables d'éveiller des impressions plus
rares et des images plus nobles, de se plaire parfois
à un certain manque de précision et de clarté, de suggérer enfin plutôt que de signifier sèchement.

Que la poésie soit une des formes les plus hautes, les
plus riches, les plus caractéristiques du langage suggestion, cela la désigne pour certains cas où ce langage
convient. Quand il s'agit, surtout peut-être sans but

pratique immédiat, d'émouvoir, de faire rêver, d'inté-resser la sensibilité sans l'assujettir, l'imagination sans l'asservir, l'intelligence sans lui imposer une suite rigoureuse de propositions enchaînées, sans l'impérieux souci de l'exactitude et de la précision, on peut croire que rien ne l'égale. La poésie lyrique, d'abord, celle de Lamartine, de Hugo, de Musset dans les *Nuits*, la poésie imaginative, la poésie philosophique, celle qui vise autant ou plus à nous faire sentir la loi du monde qu'à nous la faire connaître, qui nous accable ou nous exalte plus qu'elle ne nous instruit et ne nous fait rai-sonner, celle de Vigny, et même à certains moments celle de Madame Ackermann — sont des genres qui appellent le vers et à qui convient le langage sugges-tion. La poésie épique et la poésie dramatique s'en accommodent aussi en tant qu'elles se rapprochent du lyrisme, qu'elles chantent plus qu'elles ne racontent.

Si la poésie peut exister sans le vers, elle peut aussi exister sans le langage suggestion proprement dit. Et c'est un fait qu'il nous intéresse d'examiner ici d'assez près.

Constatons-le d'abord, ce qui est facile. Chez tous les poètes, en effet, nous rencontrons de beaux vers, des vers vraiment « poétiques » qui relèvent du langage signe, des vers sans comparaison ni métaphore. Rappe-lons quelques exemples. D'abord les vers de Villon pour sa mère : « Femme je suis, pauvrette et ancienne... », etc. Puis le fameux sonnet de Ronsard : « Quand vous serez bien vieille... », tout chargé de détails précis, où dans le dernier vers seulement paraît une image sans imprévu. Rappelons Malherbe. Les grands vers de Corneille sont souvent du pur langage signe : « Que vouliez-vous qu'il fît... », par exemple, ou encore : « Elle a trop de vertus pour n'être pas chrétienne », ou

« Je vois, je sais, je crois... », et tant d'autres. Racine nous en offre aussi : « Et du temple déjà, l'aube blanchit le faîte. »

Ne croyons pas que les poètes romantiques soient privés de tels vers. Musset sème à profusion de petits tableaux nets et précis. La *Nuit de mai* en est remplie : « Et le bleu Titarèse... Peindrons-nous une vierge... » et ceux dont il enrichit ses vers ressemblent beaucoup — sauf naturellement pour le rythme et la mesure — à ceux qu'il répand dans sa prose. Vigny, qui traîne assez souvent dans le médiocre, quand il ne s'élève pas aussi haut que peut monter la poésie humaine, apporte aussi de beaux vers précis, significatif et suggestifs à la fois comme : « Seul le silence est grand, tout le reste est faiblesse... », ou : « Le juste opposera le dédain à l'absence, et ne répondra plus... » Chez Hugo les beaux vers de toute nature abondent et ceux dont nous parlons n'y manquent point, tant s'en faut. Rappelons la petite pièce, écrite au mariage de sa fille : « Ici l'on te retient... » et des vers très évocateurs sans aucune image :

> Donc Booz, cette nuit, dormait parmi les siens.
> Près des meules qu'on eût prises pour des décombres,
> Les moissonneurs couchés faisaient des groupes sombres,
> Et ceci se passait en des temps très anciens.

Une comparaison s'est glissée au second vers du quatrain, mais elle ajoute peu à la suggestion (bien que le rappel du déluge, puisse, un peu plus loin la ranimer un peu).

Que la poésie puisse ainsi employer le langage signe sans cesser d'être elle-même, et en restant suggestive, cela s'explique par plusieurs raisons.

Tout d'abord, par la force particulière que la technique du vers donne aux sentiments et aux idées. La mesure et la rime ont une incontestable puissance, elles imposent les idées, et les impressions, ou elles les insinuent, elles les conservent aussi. On le sait si bien que l'on remploie volontiers le vers ou des procédés qui sont des analogues affaiblis du vers (assonances, phrases rythmées, etc.) pour répandre, faire accepter, fixer dans l'esprit les enseignements des dictons, des proverbes, des commandements de la religion, ou les préceptes du whist.

Mais aussi par ce que nous avons appelé tout à l'heure la condensation ou la concentration, par ce travail psychique et social plus ou moins long qui enrichit d'une force particulière, au moins à de certains moments et pour une catégorie plus ou moins étendue de personnes, certains mots, certaines combinaisons de mots, même certaines formes de phrases. Nous avons vu plus haut des exemples de ce travail, on peut en retrouver l'influence dans les exemples cités plus haut. Les mots, grâce à lui, tout en demeurant des signes et des signes précis acquièrent un pouvoir de suggestion particulier. Un mot très simple comme « silence » prend ainsi, dans certaines circonstances, une valeur singulière, par un certain nombre d'associations d'idées et de sentiments dont ces circonstances permettent et favorisent l'action.

Enfin une dernière cause, qui n'appartient pas à notre sujet mais qu'il faut bien signaler, c'est l'intérêt propre des idées et des sentiments signifiés par le mot. Certaines idées, certains sentiments sont par eux-mêmes capables non seulement d'intéresser l'esprit, mais de devenir en bien des cas un excitant de son activité personnelle, de le pousser à sentir, à penser, à agir à sa manière et non point seulement comme l'indique celui qui, par son verbe, les a mis en jeu. Au reste cette action de l'idée et du sentiment ne peut se distinguer complètement de la concentration des puissances significatives et suggestives dans le mot. Mais, à qui serait tenté de trop subordonner celle-ci à celle-là, il suffirait de rappeler la différente valeur des synonymes et comment des mots qui signifient la même idée essentielle sont cependant chargés d'impressions, de sentiments, de tendances très différentes et ne donnent point les mêmes suggestions.

Les divers éléments qui concourent à l'effet de la poésie peuvent jusqu'à un certain point se suppléer l'un l'autre. Une prédominance du sentiment peut s'accommoder jusqu'à un certain point de l'insuffisance de la forme, des négligences de la technique. La poésie garde encore son pouvoir suggestif. Lamartine, Musset, ne sont pas très exigeants pour la rime. La suggestion obtenue par des moyens purement intellectuels ou imaginatifs peut remplacer la suggestion due aux procédés techniques. Les symbolistes ont cru trouver un bon instrument dans le vers libre, qui comporte encore, certes, des effets de rythme, mais qui se rapproche plus de la prose que le vers classique ou parnassien. D'autre part, la rigueur et la perfection de la technique laissent une certaine efficacité suggestive à des vers qui, comme certaines pièces de Th. Gautier ou des Parnassiens (Coppée, et même parfois Leconte de Lisle), laisseraient le lecteur assez indifférent[1].

Quand les conditions que nous venons d'examiner sont réunies, elles font sentir à l'esprit une influence

---

1. Voir pour la question de la technique du vers et de ses effets, les très intéressantes considérations de M. Jules de Gaultier dans la *Vie mystique de la nature* et dans un article du *Mercure de France* (1ᵉʳ novembre 1926), *Qu'il n'y a pas de poésie pure.*

assez semblable à celle du langage suggestif. Elles suggèrent aussi, elles déterminent l'esprit à développer à sa manière les impressions qui lui arrivent, à sentir, à penser au delà de ce qui lui est strictement signifié.

Mais si la poésie peut encore s'élever très haut avec le langage signe, elle n'obtient plus tout à fait les mêmes effets. Le langage suggestion produit en nous un retentissement plus profond, plus divers, plus diffus, aux multiples échos, un prolongement aux ramifications plus subtiles. La poésie du langage signe tend vers la prose rimée et rythmée. Un poète qui ne connaîtrait qu'elle resterait incomplet.

Ce n'est pas à dire que cette poésie reste forcément inférieure à l'autre, ce qui est une autre question. On peut estimer que les beautés de quelques vers de Corneille où domine le langage signe ne sont humiliées dans notre littérature, par aucune autre splendeur. Peut-être même certaines hauteurs du « sublime » sont-elles plus accessibles au langage signe. Il faut pour les gravir une force, une carrure, une simplicité, une franchise, une netteté devant lesquelles hésite un peu le langage suggestion moins direct, plus subtil, plus mystérieux et plus voilé. Retenons seulement que les qualités dont resplendissent les vers sublimes en question, si elles profitent des ressources de la technique de la versification, ne seraient pas absolument incompatibles avec la prose. Elles sont « poétiques » sans doute, mais moins essentiellement, et, pour ainsi dire, un peu par accident.

Si la force suggestive attachée aux mots qui expriment certaines pensées et certains sentiments s'affaiblit, si l'intérêt de ceux-ci s'efface, si l'habileté technique diminue, la poésie s'atténue aussi et disparaît, tout à fait parfois ou presque tout à fait. On peut

trouver encore quelque plaisir poétique, pour les raisons déjà signalées quoiqu'elles soient affaiblies, à des
vers élégants, ingénieux, suffisamment habiles, et dont
le sujet nous plaît. Mais ce plaisir disparaît à peu près
quand nous arrivons à des poèmes purement didactiques
ou descriptifs, si la technique en est seulement convé-
nable, et si les idées y sont simplement signifiées par
des procédés d'analyse. Même chez un poète de génie,
les parties traitées ainsi peuvent demeurer assez languis-
santes. La description du monstre dans le récit de Théra-
mène ajoute peu au plaisir que l'œuvre nous donne.
Le résultat est pire quand le poète est médiocre.

Au-dessous nous ne trouvons plus guère que les vers
mnémotechniques, comme ceux qui ont fixé dans de
jeunes cerveaux les grands faits de l'histoire de France
ou les « racines grecques », les devises des mirlitons,
les vers des charades et des logogriphes.

§ 2. — LA POÉSIE (*suite*)

Les principes posés, nous pouvons examiner quelques
points particuliers où se font sentir la présence ou
l'absence du langage suggestion.

Les poètes ne sont pas tous également suggestifs.
Malherbe l'est moins que Racine dont le cas est peut-être
unique par l'alliance de la suggestion et de la précision.
Sa poésie est serrée dans des contours bien nets et
pourtant elle évoque des impressions, des émois intimes
et subtils qui vont se prolonger indéfiniment dans l'âme.
Il semble choisir les mots et les phrases qui, tout en
ayant un sens précis, sont aussi plus que des signes.

Et Phèdre au labyrinthe avec vous descendue
Se serait avec vous retrouvée ou perdue.

Cela est clair, net, et resterait peut-être un peu sec sans la vibration de ce dernier vers, les impressions suggérées par des mots comme « retrouvée » et comme « perdue ». Ajoutons-nous, en ce cas et en bien d'autres, à Racine ? Il se peut, mais pourquoi n'ajoutons-nous pas à Pradon ? Parce que nous ne le lisons pas ? Mais nous lisons Molière, et Boileau, et Malherbe, et si nous les interprétons aussi, si nous trouvons parfois dans leurs vers quelque chose qu'ils ne se sont point souciés d'y mettre, ils ne nous apparaissent point comme suggestifs au même degré et de la même façon que Racine. C'est donc que les vers de celui-ci ont en eux-mêmes une qualité qui nous invite à ce que les autres ne nous permettent même pas.

> Lieux charmants, où mon cœur vous avait adorée.

Voilà encore qui est bien simple et pourrait paraître un peu fade si l'on s'en tient au sens strict des mots. Pourtant quelle poésie encore dans le sentiment et dans l'expression, et quelle condensation d'impressions dans *charmants* et dans *avait adorée*. *Charmants,* parce que mon cœur vous y avait adorée, que l'amour et l'aimée embellissent tout autour d'eux, cela n'est pas dit, cela est suggéré. *Avait adorée* rappelle qu'il s'agit d'un temps irrévocablement perdu, et jette une ombre de mélancolie sur tout le vers.

Au xviiie siècle le pouvoir de suggestion diminue bien et ce siècle est aussi le moins « poétique » des siècles. Tout le talent, toute l'intelligence de Voltaire — et la connaissance qu'il avait des drames de Shakespeare — n'arrivent pas à faire avancer Zaïre à côté de Phèdre et de Bérénice. Il faut arriver à André Chénier pour voir refleurir le langage suggestion.

> Dieu dont l'arc est d'argent, Dieu de Claros, écoute.

Cela a beau être simplement traduit du grec, cela suscite en nous des impressions qui se prolongent. Les mots ne les apportent pas directement, mais ils font lever en nous des souvenirs, des sentiments plus ou moins endormis. Et la portée des mots dépasse si bien leur sens strict que la plus simple, la plus naïve des phrases : « Je ne veux pas mourir encore », grâce aux circonstances qu'elle résume et rappelle, à la condensation des sentiments qui s'y produit, devient puissamment évocatrice.

Au xixe siècle une réaction, contre certains côtés du romantisme et en particulier contre un sentimentalisme débordant et contre la technique un peu relâchée de Lamartine et de Musset, a fait régner avec un soin particulier de la forme, un souci de la précision, de la tenue, du fini difficilement compatible avec le langage suggestion qu'on paraissait écarter. Le sentiment même, qui ne manquait pas toujours, et l'idée, qui apparaissait parfois, se revêtaient de formes plus significatives que suggestives.

Th. Gautier et les Parnassiens n'ont guère cherché, ni guère réussi, sauf exception, à faire penser ou sentir au delà de ce qu'ils exprimaient strictement. Même s'ils avaient, comme Sully-Prudhomme l'ambition d'être des penseurs, ou si, comme Sully-Prudhomme encore et comme François Coppée, ils étaient des sentimentaux. On a pu reconnaître en eux une sorte d'accord avec les tendances scientifiques ou même pratiques de leur siècle. Et sans doute l'effet produit sur le lecteur dépend pour une part du lecteur lui-même, mais si l'on compare Sully-Prudhomme ou Coppée, avec Baudelaire ou Verlaine, il faut bien reconnaître une différence objective réelle dans les procédés et dans les effets, et rattacher ceux-ci pour une part à la différence des langages.

Le cas de Leconte de Lisle mérite, semble-t-il, d'être examiné à part. Leconte de Lisle a réuni — sur un tout autre plan que Racine dont il diffère à tant d'égards — la précision et le pouvoir de suggérer. La description des personnes et des choses, la traduction des sentiments sont chez lui fort nettes. L'*Agonie d'un saint*, les *Montreurs, Hypathie*, ne laissent aucune équivoque, ne procurent guère que des impressions franches, limitées, n'ouvrent aucune porte à la rêverie inquiète. Une pièce comme la *Véranda* ou le *Bernica* n'incite guère l'imagination à la recherche et la satisfait avec ce qu'elle lui donne. Et pourtant Leconte de Lisle, dans certaines pièces au moins, s'approche beaucoup plus que les autres poètes de son groupe de la poésie suggestive et parfois il la réjoint.

Par deux procédés. L'un, c'est le choix d'un tout petit nombre de détails concrets et précis pour rendre un objet, une réalité extérieure, de quelques détails lumineux baignés dans une obscurité profonde où notre imagination esquissera plus ou moins la réalité qui nous est suggérée bien plutôt que décrite. Peut-être surtout, à l'aide de ces détails, ressentirons-nous l'impression d'ensemble correspondant à l'objet, à la personne qui nous est ainsi révélée. Assurément un écrivain ne dit jamais tout, une description n'est jamais complète. Il me paraît que Leconte de Lisle a particulièrement restreint en certains cas les indications qu'il nous donne et s'est ainsi servi du langage suggestion. L'autre procédé auquel s'est complu Leconte de Lisle, ce fut de peindre des pays et des âmes assez éloignés de nous, dans le temps, dans l'espace, par la forme et le degré des civilisations, et d'accentuer, au risque de les fausser, leurs caractères propres, et tout ce qui nous sépare d'elles. Les sentiments qu'il leur prête peuvent être assez clairs, assez simples, mais le milieu évoqué, la singularité des détails et des termes employés, des noms propres dont la forme est choisie aussi éloignée que possible de celle que leur donneraient le génie et les habitudes de notre langue, nous avertissent que les âmes affectées par le poète diffèrent des nôtres. Leurs sentiments, leurs impressions, même lorsqu'ils nous paraissent ressembler aux nôtres et qu'ils portent le même nom doivent donc être tout autre chose. De là une suggestion continuelle de sentiments et d'images assez étranges, forcément un peu indécis, dépendant, pour une grande part, de notre imagination propre. Les mots employés ne sont plus des signes désignant une réalité toute faite et bien déterminée, ils sont une occasion de sentir, de penser, de rêver selon nos moyens dans l'obscurité relative où nous jette le poète et dont nous avons déjà reconnu la puissance. Songez, par exemple, au *Cœur de Hialmar*.

Viens par ici, corbeau, mon brave mangeur d'hommes,
Porte mon cœur tout chaud à la fille d'Ilmer.

Au sommet de la tour que hantent les corneilles
Tu la verras debout, blanche aux longs cheveux noirs,
Deux anneaux d'argent fin lui pendent aux oreilles,
Et ses yeux sont plus clairs que l'astre des beaux soirs.

Certes, ici tous les détails sont précis et nets. Et pourtant si l'apparition est saisissante c'est bien par l'effet du langage suggestion. Les quelques images qui nous sont données restent noyées dans une sorte d'obscurité entretenue par l'étrangeté de la donnée. Elles ne valent que par la représentation d'ensemble et par les impressions qu'elles suggèrent. Et ces impressions ne sont pas des impressions communes, qu'un mot suffirait à indiquer. Il faut que nos pouvoirs propres les créent en nous. Peu de gens, dans notre groupe social, ont eu l'occasion de contempler leur fiancée sur une tour que hantent les corneilles, et songé à lui envoyer leur cœur par les bons offices d'un corbeau. Les sentiments évoqués sont forts et simples mais bien différents de ceux qu'ont dressés nos croyances, nos religions, nos occupations ordinaires et les conventions de notre vie. Ils ne nous sont pourtant pas si étrangers qu'ils ne puissent éveiller en plusieurs d'entre nous des images et des impressions assez vives que le poète a suggérées plutôt que signifiées, mais qu'il a suggérées par des mots signes d'une extrême précision.

Mais ce pouvoir de suggestion qu'ont pour nous les personnages étrangers et lointains, nous le connaissons. C'est celui qui, sous une autre forme et avec d'autres effets, anima jadis la tragédie classique, et la revêtit de son prestige. Racine disait que « les personnages tragiques doivent être regardés d'un autre œil que nous ne regardons d'ordinaire les personnages que nous avons vus de si près », et il ajoutait : « L'éloignement des pays répare en quelque sorte la trop grande proximité des temps : car le peuple ne met guère de différence entre ce qui est, si j'ose ainsi parler, à mille ans de lui et ce qui en est à mille lieues[1]. » Ainsi s'excusait-il d'avoir mis Bajazet sur la scène.

Il est aisé de comprendre l'effet de l'éloignement. Il supprime une foule de vulgarités, peu compatibles avec la dignité du héros tragique, et que nous ne pourrions manquer d'attribuer à des personnages trop rapprochés et trop connus Et l'éloignement dans la hiérarchie sociale agit à peu près comme l'éloignement

____

1. Racine, Seconde préface de *Bajazet*.

dans le temps ou dans l'espace. Pour un bourgeois, le
prince ou l'apache deviennent plus facilement poétiques que l'épicier ou le percepteur. Ce que l'on connaît
moins se prête plus volontiers aux jeux de l'imagination et laisse à la suggestion plus d'efficacité. Nous
nous laissons mieux transporter dans un monde différent du nôtre, lorsque aucune habitude, aucune association impérieuse d'idées et d'impressions ne vient
contrarier le libre développement de l'imagination.

Et, en somme, le transport de notre esprit dans un
monde différent du nôtre, ce n'est pas seulement la
tragédie qui l'opère, c'est toute poésie, et c'est même
toute œuvre d'art, si l'œuvre d'art est essentiellement
ce qui nous ouvre un monde différent du monde réel,
et qui n'aspire pas à se réaliser[1]. Mais restons-en à
la poésie. Le caractère particulier des moyens employés
par elle, le rythme des vers, la rime, la mesure, un langage qui diffère de celui de la prose suffisent déjà, même
abstraction faite de la nature des sentiments et des
idées exprimés, ou des événements présentés, pour
situer l'esprit ailleurs que dans la vie de tous les jours,
pour le dégager à quelque degré des banalités et des
vulgarités, lui permettre de sentir et d'apprécier autrement qu'il ne le ferait dans la réalité. L'opposition de
la poésie et de la vie réelle est un lieu commun des
plus connus et il ne semble pas qu'il doive cesser de
s'imposer. Ce sont assez souvent les mêmes sentiments
qui inspirent la poésie et qui dirigent ou troublent la
vie, et pourtant ils prennent dans la poésie une apparence différente. Ce qui est vulgaire, imparfait, ridicule,
même dans la vie peut devenir une cause d'impressions nobles ou délicates en vers. Et lorsque, par la

---

1. Voir *Le mensonge de l'art.*

faute du lecteur ou de l'auteur, la sublimation ne se produit pas, les vers paraissent cesser d'être poétiques et c'est le poète qui paraît ridicule. Coppée nous fait parfois hésiter entre ces deux états d'âme.

Il est naturel que dans le monde de la poésie, et surtout dans le monde de la tragédie, on ne parle pas tout à fait notre langage. Le Cid, Polyeucte ou Phèdre, Hernani ou Ruy Blas s'expriment en vers avec plus de convenance que Paul Forestier ou l'oncle Tamponnet. Ils emploient aussi des mots différents, qui même lorsqu'ils ont la même signification que les mots du langage courant ont un autre pouvoir de suggestion, et ne font pas résonner les mêmes harmoniques. Il faut tenir compte de ce que j'ai appelé plus haut la concentration ou la condensation de la charge d'images accessoires et d'impressions que les mots, à un moment donné, ont accumulée sur eux. Cette charge se modifie, s'allège, s'alourdit selon les temps et les personnes, aussi les effets de suggestion peuvent varier selon l'époque et le milieu. Il n'en reste pas moins qu'il y a toujours, quoi qu'en ait dit Hugo, des « mots sénateurs » et des « mots roturiers » et il n'y a qu'à lire Hugo lui-même pour en être bien convaincu. Sans doute a-t-il introduit la marmite dans une éloquente tirade, mais le nom en est relevé par l'épithète « infâme », à peu près comme *dévorants* ennoblit *chiens* dans le songe d'Athalie. Il n'eût point oser dire « leur sale marmite ».

S'il est des mots nobles et des mots roturiers (et des alliances de mots aussi,) il y a de même des mots « poétiques » et des mots « prosaïques ». Les mots poétiques seront surtout des mots suggestifs, les mots prosaïques seront plutôt des termes à sens précis, qui prêtent peu au rêve et n'ont pas dans l'esprit de retentissement prolongé. Et si l'on a pu être tenté d'ailleurs d'apparenter de trop près la classe des mots nobles avec celle des mots poétiques, il faut bien savoir que les deux classes ne se confondent pas. Il peut y avoir une poésie de l'ignoble ou du bouffon. La ballade de la grosse Margot ne décèle aucune ostentation de hauteur dans les sentiments et Hugo a prodigué dans les *Châtiments* des injures violentes et des images dénigrantes dont beaucoup ne laissent point de rester « poétiques », mais il n'y a aucune poésie dans la règle de l'addition.

Une autre remarque s'impose. C'est que les procédés du langage suggestif et de la poésie en particulier en même temps qu'ils ouvrent à l'esprit certaines avenues, lui ferment aussi plusieurs routes où les mêmes mots, en d'autres circonstances, les pousseraient à s'engager. Il faut qu'un certain nombre des images et des impressions que ces mots peuvent éveiller, soient négligées par nous. Leur sens strict même, si nous ne devons pas l'oublier, ne nous occupera guère, pour que nous puissions en dévier un peu, glisser à côté. Cela sans doute est de tous les instants. Dans le langage signe, le sens du mot est déterminé par le contexte, et seule la série d'idées, qui convient à la circonstance doit être évoquée. Un mot comme *opération*, change de sens selon qu'il s'agit de chirurgie, d'arithmétique ou d'art militaire. Il en est de même, avec les différences appropriées, dans le langage suggestif. C'est ainsi qu'un terme « bas » peut devenir « noble » et le problème qui préoccupa jadis ne présente guère de difficultés. Il n'y a rien de choquant à nommer le chien dans une tragédie, si l'esprit des spectateurs est convenablement orienté. Et les chiens d'Athalie n'évoquent pas les mêmes images que ceux des Plaideurs. Mais encore ici l'effet dépend en partie de la mentalité de l'auditeur.

Pour comprendre le langage suggestion il faut penser au côté artistique de la poésie. Cela nous mène à supposer que ce langage intervient en d'autres arts, comme la peinture et la musique. Trouvons-nous encore ici l'apparition des deux fonctions, du signe et de la suggestion ?

En peinture, cela n'est pas douteux. La peinture est une sorte de langage qui représente, par d'autres moyens que la parole, des objets, des personnages, et, plus indirectement, évoque des images, des idées, des émotions diverses. Nous rattacherons très naturellement au langage signe les œuvres qui exposent fidèlement à nos yeux une réalité quelconque, que nous comprenons comme nous comprenons le monde extérieur, et sans rien nous suggérer qui, dépasse l'objet représenté, qui en prolonge en nous la vibration autrement que d'une manière simple, logique (car la peinture signe peut nous imposer certaines émotions comme le langage signe). Nous rapprocherons du langage suggestion, du style synthétique celles qui nous sont une occasion soit d'imaginer, des objets matériels qui en fait ne sont pas représentés par la peinture, soit de rêver, de sentir, d'éprouver des impressions qui ne nous sont point directement imposées et où notre sensibilité propre se déploie plus librement.

Parmi les artistes qui ont pratiqué la peinture signe, rangeons les peintres qui accumulent autant que possible les détails, qui « finissent » trop, les prosateurs de l'art, si je puis dire, Laberge, par exemple, dans le paysage, ou Cabat parfois, Harpignies assez souvent, et, dans le « genre », Meissonier. Encore des peintres qu'on pourrait tenter de placer dans leur groupe s'en écartent-ils un peu. La saveur, l'habileté, l'originalité de la facture, l'harmonie des couleurs, l'esprit du desain peuvent prendre un singulier pouvoir de suggestion, faire naître des émotions spéciales auxquelles certains amateurs sont très sensibles et parent l'art d'un certain genre de poésie. C'est le cas des petits maîtres de l'École hollandaise du xviie siècle, et sans doute, des meilleurs en tout temps, parmi ceux qu'on appelle « petits maîtres ». Mais il convient de placer parmi les prosateurs, les peintres de genre ou d'histoire, Paul Delaroche par exemple, qui tracent de petites ou de grandes scènes dont le sens est précis, beaucoup moins suggéré qu'impérieusement signifié, où l'émotion, lorsqu'elle se produit, nous est imposée. Il est impossible de tracer une limite précise et fixe entre les deux procédés. Dirons-nous que dans la *Cruche cassée*, Greuze se sert du langage suggestion et du langage signe dans ses scènes de famille ? Si l'on veut, mais ici les genres voisinent, et on y reconnaîtra que le langage suggestion peut être parfois assez facile et un peu vulgaire, même avec l'appui d'un réel talent.

Les procédés et les effets du langage suggestion en peinture sont assez variés. La suggestion peut être d'ordre visuel, évoquer seulement ou surtout des objets. Quelques artistes, et leur tendance s'est répandue à notre époque, donnent sur ces objets le moins de détails possibles. Ils adoptent ce qu'on a nommé la facture synthétique et qui correspond à peu près au style synthétique de certains écrivains. Quelques lignes, quelques taches, quelques détails choisis, abstraits, isolés du reste des caractères de l'objet, parfois accentués, grossis, transformés et symbolisés, doivent nous inciter à recomposer, sans même nous en apercevoir, la vision de l'objet plus ou moins transfiguré par l'art. La préoccupation de la synthèse ainsi comprise a beaucoup hanté les peintres contemporains, et quelques anciens aussi. A vrai dire tous les peintres sont bien obligés d'éliminer quelques détails Il n'y a pas moyen de reproduire sur une toile tous les poils d'une barbe ou toutes les feuilles d'un arbre. Il ne s'agit que de différences de degrés, mais assez considérables pour signaler des procédés opposés. Comparez, par exemple, un tableau de Meissonier avec certaines œuvres de Rembrandt Il arrive que l'artiste nous donne l'impression que nous voyons une foule de détails qui ne sont nullement représentés sur la toile. Les *Côtes du Jura*, de Pointelin, en mettent au Luxembourg un magnifique exemple.

Il se peut aussi que l'on cherche une synthèse de la couleur, que l'artiste cherche par des effets de contraste, par des combinaisons et des rapprochements de tons à suggérer ce qu'il ne dit pas, à faire recomposer par le spectateur un ensemble dont il lui donne les éléments. Car il est à noter que la synthèse artistique (littéraire ou picturale) l'artiste la suggère, mais c'est le spectateur ou le lecteur qui doit l'opérer, sur les éléments analysés et présentés par l'artiste.

Au lieu d'influencer la vision on peut suggérer la pensée même ou l'émotion. Gustave Moreau emploie des lignes précises et détaille souvent un peu trop pour le goût actuel. Mais il n'a pas voulu seulement nous faire admirer des lignes et des couleurs, il a voulu nous induire à penser et à sentir à propos des héros de mythes et de légendes ou de personnages dressés par son imagination. Si sa technique relève plutôt du langage signe, son œuvre, n'en n'éveille pas moins dans l'âme un retentissement prolongé, de mystérieux échos et ce langage signe est un puissant et rare instrument de suggestion, au moins quand il s'adresse à des spectateurs qui ne craignent pas l'union de l'art et de la pensée. Avec de tout autres procédés et sur

un plan bien différent l'art de Rembrandt est encore
un art de suggestion. Sa portée dépasse les lignes, les
couleurs et les volumes, atteint aux types humains,
aux milieux sociaux, à cette beauté d'ensemble qui
est sans doute l'effet le plus caractéristique et peut-
être le plus haut de l'art.

Les peintres de figure peuvent certainement se contenter, pour émouvoir, du langage signe. Un ouvrier à
l'hôpital, est assis près du lit de son enfant, figure
blême et bouffie. Il se penche vers lui d'un geste attentif,
craintif, humble et las. Ici la formule de l'émotion
est trop précise, le sens de l'œuvre trop clair et trop
net pour qu'on puisse parler de suggestion. Il ne faut
pas, pour qu'elle intervienne, que l'émotion soit provoquée
par le sujet représenté mais par la manière dont il est
rendu. Les peintres de paysages peuvent aussi bien
nous décrire des paysages « enchanteurs » tout frais,
humides, verts et roses comme des chromos. Mais
s'ils nous émeuvent vraiment, et arrivent à l'art suggestif, c'est par d'autres procédés, par des analogies
plus éloignées et plus subtiles. Corot, Chintreuil, Pointelin, Laprade, Vlaminck, parmi les modernes ou les
contemporains nous ont montré où l'on pouvait parvenir dans cette direction. Et, chez presque tous,
la suggestion imaginative et affective s'associe au
style synthétique et à la suggestion des lignes et des
volumes.

La tentative du cubisme, un peu abandonnée, n'aura
pas été inutile. De notre point de vue elle apparaît
comme un essai de peinture essentiellement suggestive. La représentation des objets y fut systématiquement négligée, ou du moins recherchée par des procédés tout à fait différents du langage signe. La ressemblance de l'objet réel et de son image est supprimée à

peu près entièrement, si bien qu'on ne saurait en bien des cas reconnaître à première vue le sujet du tableau. Il s'agit de suggérer, non de montrer, de décider le spectateur à reconstituer un objet ou un personnage, à synthétiser des lignes plus ou moins abstraites, les fragments interprétés, stylisés qu'on lui présente, de lui faire apprécier et sentir en quelque sorte l'essence d'un être, d'une chose dont on ne lui montre que des éléments déformés, présentés d'ailleurs sous une forme extrêmement précise. Je n'ai pas à rechercher ici jusqu'à quel point la tentative a pu aboutir. Elle prêtait à la critique et il était facile de la tourner en dérision. Cependant elle fut une forme de la réaction légitime contre une peinture trop exclusivement préoccupée des apparences, et les besoins auxquels elle tâchait bien ou mal de répondre étaient réels et profonds.

Le cas de la musique diffère beaucoup de celui de la peinture. Il semble qu'elle ne puisse guère employer que le langage suggestion. Elle ne représente rien par elle-même, elle n'est le signe d'aucune réalité extérieure à elle. Si nous pouvons dire qu'elle exprime parfois un sentiment, elle ne le figure certes pas comme la peinture représente une cruche ou une pomme. Elle se rapproche un peu du langage signe lorsqu'elle veut évoquer l'image de quelque réalité. Mais ce n'est qu'en passant et en usant toujours de la suggestion. Songez au deuxième morceau de la *Symphonie pastorale*, au rappel du chant de la caille et du coucou, à l'orage de la même symphonie, à d'autres orages épars dans les œuvres de divers compositeurs. La musique qui veut pousser plus loin l'emploi du langage cesse presque d'être de la musique, devient une sorte de parodie, comme lorsqu'elle fait imiter par un orchestre le départ d'un train de chemin de fer : j'ai eu le plaisir d'entendre cela, il y a longtemps, hors de France, dans une ville d'eaux.

Cependant on peut signaler encore dans la musique des différences analogues à l'opposition du langage suggestion et du langage signe. Les impressions que soulève en nous la musique peuvent rester, pour ainsi dire, localisées dans l'esprit, ne pas sortir du domaine des sons et des combinaisons de sons, se suffire à elles-mêmes, ne provoquer par association aucun ébranlement complexe de la sensibilité. Elles peuvent au contraire intéresser, captiver, émouvoir l'âme entière, et s'y prolonger, d'échos en échos, presque indéfiniment. Le premier cas nous déciderait à trouver en musique non pas le langage signe, mais quelque chose qui lui ressemble à quelques égards par ses effets, le langage pour le langage. Les autres font de la musique le langage suggestion le plus actif, peut-être, le plus subtil, et sinon le plus beau, ni surtout le plus sain, mais le plus pénétrant peut être, le plus violent, et le plus impérieux. Bien entendu, je ne veux pas dire que les émotions ainsi excitées se rapportent forcément à des sentiments de la vie réelle, l'amour, la pitié, la colère, la tristesse ou la joie. Il en est qui en diffèrent tellement qu'elles ne peuvent guère se traduire en mots. La différence des deux langages est dans le prolongement de l'effet, variable selon l'auditeur, qui caractérise l'un d'eux, et fait de la musique une sorte de poésie.

La musique de Saint-Saëns, au moins en bien des cas, me paraît donner une idée de la musique qui n'est pas suggestive, qui n'ébranle pas la sensibilité, et qui, belle par elle-même, ne nous offre rien ou pas grand'chose au delà de cette beauté. Cette sorte de succédané du langage signe peut bien ne signifier rien qui se laisse traduire en mots, elle peut aussi — c'est le cas dès petits poèmes symphoniques de Saint-Saëns — évoquer, quand on est prévenu, une aventure comme celle de Phaéton, et ses parties successives, elle a toujours son sens musical, précis, complet en lui-même, comme système mélodique et harmonique d'une plus ou moins grande quantité de notes et de silences. Elle n'éveille à peu près rien en nous hors du sentiment esthétique, spécial et borné, auquel elle s'adresse. Les quelques images accessoires qui peuvent s'y joindre, lorsque le morceau comporte un titre un peu précis et un programme, restent secondaires, destinées simplement à compléter, à faire mieux comprendre le morceau. La musique suggestive, en obtenant aussi ces effets techniques et spéciaux qui imposent au compositeur son premier devoir, la dépasse. Elle y trouve le point de départ de l'activité sensitive suggérée, plus personnelle, plus pénétrante, plus intime et plus libre.

Il n'est pas jusqu'aux arts industriels ou décoratifs où l'on ne puisse discerner les analogues du langage signe et du langage suggestion, de la prose et de la poésie. L'équivalent du premier nous est offert par les objets qui ne visent qu'à l'utilité pratique, qui ne dépassent pas la correction et une certaine convenance de la fabrication, qui sont simplement adaptés à leur fonction et ne la dépassent en rien. Les équivalents du second, par les objets qui éveillent des impressions supérieures et plus complexe de beauté, de perfection, qui charment par l'originalité harmonieuse des lignes et des surfaces. Un bureau américain, un verre à boire ordinaire signifient quelque chose de précis et rien que cela ; une belle table de la Régence, un verre de Gallé ou de Daum peuvent dire autre chose, suggérer parfois plus qu'ils ne signifient vraiment. Il n'est pas interdit d'y voir incarnée une sorte de poésie. Parfois il arrive que le sens signifié passe au second plan, parfois même il disparaît tout à fait, ou presque. L'apparence, si l'objet la garde encore, qui pourrait faire croire qu'il doit être utile à quelque chose, n'est plus qu'une sorte de survivance sans efficacité, comme l'épée d'un fonctionnaire civil. Et l' « objet de vitrine » en vient à ressembler à un petit poème qui charmerait par l'harmonie des sons, la coupe des vers, la richesse des rimes mais qui serait privé de toute signification.

§ 3. — L'ART DE PERSUADER.

L'art de convaincre est évidemment une fonction du langage signe, si même il ne se confond pas avec lui, puisque quand on emploie le langage signe, c'est pour faire accepter par d'autres la réalité, l'idée, l'image, la croyance qu'on leur communique. L'art de persuader apparaît au contraire comme une sorte d'incarnation du langage suggestif. Ici la personnalité entière est appelée et non pas seulement l'intelligence critique. Tout ce qui peut entraîner l'esprit, la comparaison tendancieuse, l'image, la métaphore exaltante ou dénigrante, l'appel au sentiment surtout, et ce genre d'obscurité insoupçonnée qui permet de tromper l'auditeur, de substituer sans qu'il s'en aperçoive une notion à une autre, tous ces procédés du langage suggestion peuvent servir un art de persuader plus ou moins scrupuleux, et les pires sont parfois employés avec cette bonne foi aveugle que procure une conviction solide. L'art oratoire en général, la plaidoirie, le sermon, l'exhortation sont des variétés diverses de l'art de persuader sur lesquelles je n'ai pas à insister ici.

Je dois au moins signaler ce qui limite ici l'action du langage suggestif. C'est que le but poursuivi par celui qui l'emploie est généralement assez précis. Il ne veut guère laisser de liberté aux esprits auxquels il s'adresse. Il veut les amener tous au même point, cherchant seulement à ouvrir à chacun le chemin qu'il prendra le plus volontiers pour y arriver. Il ne tient pas à les faire rêver, mais à les faire croire et à les faire agir, et croire et agir d'une façon parfaitement déterminée. Sans doute la liberté laissée à l'auditeur ou au lecteur n'est jamais absolue, mais elle est ici particulièrement restreinte. La suggestion persuasive se rapproche plus que la suggestion poétique de celle de l'hypnotisme. Elle n'est pas infaillible. Même aidée de ces sortes de passes magnétiques que représentent ici la voix, le geste, le regard, l'éloquence, la magie du style, elle peut déclencher les idées et les sentiments qui vont le plus directement contre son dessein. Cela dépend des dispositions de l'auditeur. Et les adjurations, les apostrophes les plus célèbres présentaient parfois d'étranges dangers. Mirabeau agissait-il comme ces toreros qui, bravant le taureau, s'agenouillent devant lui à quelques pas à peine ? Ils seraient perdus si le taureau fonçait sur eux, mais ils savent, à certains signes, qu'il ne bougera pas. Toujours est-il que la fameuse apostrophe au marquis de Brézé : « Allez dire à votre maître... », telle que nous l'apporte la tradition, pourrait, chez un autre que Louis XVI, déclencher immédiatement la volonté d'employer la force armée, implicitement présentée comme un moyen infaillible de se débarrasser des gêneurs. Quelques années plus tard, au 19 brumaire, les grenadiers de Bonaparte donnaient la réplique à la phrase de Mirabeau.

§ 4. — L'esprit

Voici une autre forme caractéristique et spécialisée
du langage suggestion : l'esprit. Le langage suggestion
lui est essentiel, au moins dans quelques-unes de ses
variétés, et il relève du style synthétique. Il comporte
une abréviation une condensation des pensées et des
images, il est une sorte de pudding d'idées. Il s'oppose
autant que la poésie à l'analyse méthodique et détaillée,
il dit, comme elle, plus que les mots ne signifient strictement, quelquefois aussi il dit moins, et surtout il
dit autre chose — l'esprit ironique fait apparaître
immédiatement ce mécanisme.

L'esprit ne s'attarde pas aux explications, il n'épuise
pas son sujet, et même ne l'expose pas complètement.
Il procède par allusion, il condense la pensée en unissant des systèmes d'idées différents qu'il rattache aux
mêmes mots. En insistant trop sur ce qui convient à
l'un de ces systèmes, il empêcherait l'éveil ou retar-
derait le développement des autres. Il se borne à suggérer
quelques-uns des détails qu'il ne peut préciser. D'autre
part, les idées évoquées ne concordent pas, s'harmoni-
sant mal ne sauraient être logiquement signifiées à
la fois et par les mêmes mots, elles ne sont pas nettement ouvertement appelées par la phrase. Et par là
l'esprit dit bien plus que les mots qu'il emploie ne
devraient logiquement le faire.

Prenons un cas très simple. « Je vous trouve l'air
encore un peu défait, disait quelqu'un — le prince de
Ligne, je crois — à un général en convalescence et récem-
ment battu. L'esprit ici, ne dépasse pas le calembour,
mais il y entre. Deux séries d'idées et d'impressions
différentes sont aisément suscitées par le mot *défait*.

Une d'elles est officiellement évoquée, mais c'est pour l'autre, simplement suggérée, que la phrase est dite. Plus de détails rendraient l'association des deux séries difficile ou impossible. Ou bien ils alourdiraient la phrase et devraient être oubliés, ne feraient pas vraiment partie du mot d'esprit. Remarquons que la suggestion ici ne consiste que dans un double emploi du même mot comme signe de réalités différentes, mais très directement signifiées par le mot, chacune de son côté. Et le plaisir qu'on peut y prendre est déterminé par cette activité double, un peu contradictoire et pourtant assez unifiée de l'esprit.

La plaisanterie sur Vaucanson, le fabricant d'automates, dont on exprimait la gaucherie, la raideur de manières en disant : « il a l'air de s'être fait lui-même », est plus compliquée. L'allusion et la suggestion y sont moins directes. La phrase signifie tout d'abord que Vaucanson a l'allure d'un automate, mais elle produit vite dans l'esprit une sorte de heurt, suggère des ensembles d'idées difficilement compatibles : un automate qui fabrique des êtres, un être qui se crée lui-même. De là une activité de l'esprit amusante par la malice qui appelle à la fois l'attention sur les défauts de Vaucanson et sur son talent, piquante par les images contradictoires qu'elle associe avec vivacité, en condensant l'expression, et en donnant à leur union une certaine vraisemblance. Une analyse rigoureuse dénouerait vite cet écheveau, mais le langage signe ne pourrait exprimer logiquement que par de longues phrases ce que le langage suggestion fait comprendre et sentir en quelques mots. Son intervention serait insupportable. Il faut, pour que le plaisir soit délicatement senti, que l'ensemble d'images, d'idées et d'impressions évoqué reste à l'état d'ébauche, de suggestion qui naît mais n'achève pas son développement, seulement entrevu, dont on ne prend qu'une sorte de schéma synthétique. C'est bien d'une sorte de langage suggestion qu'il s'agit ici plutôt que de langage signe.

Si l'esprit et la poésie emploient quelques procédés analogues, ils diffèrent profondément.

L'esprit reste plus près que la poésie du langage signe. Il ne cesse guère d'employer celui-ci, les mots qui lui servent gardent leur valeur de signes, c'est en tant que signes qu'ils agissent. Seulement leur sens est multiple ou bien les idées qu'ils signifient arrivent exprès pour en suggérer de toutes différentes par leurs rapports avec les circonstances où elles sont amenées. De là la complication et les discordances légères et voulues qui en font la valeur. Les suggestions de l'esprit sont d'autre part plus précises, plus définies que celles de la poésie, elles ont moins de prolongements et de ramifications dans l'esprit, et surtout ces prolongements sont moins libres. Les mots que j'ai cités, parce qu'ils se sont présentés tout d'abord, n'apportent que des idées assez précises, il n'y a pas à se méprendre sur leur sens, ni à rêver. On peut ne pas les comprendre, mais il n'y a pas plusieurs façons de les entendre bien. Les impressions qu'ils doivent suggérer ne vont pas très loin, elles restent un peu minces, intéressent l'intelligence, ne suscitent que des sentiments d'importance assez faible. C'est bien ainsi que les choses paraissent en général se passer. L'esprit fait plus ou moins penser et souvent assez peu et pas très profondément, il ne fait guère rêver et n'émeut guère, sauf, comme nous le verrons, quand il se rapproche de la poésie, s'unit à elle. Ce qui est sous-entendu dans une phrase spirituelle n'est pas livré à la fantaisie de l'auditeur. S'il peut exister, c'est un poète qui nous le dit, plusieurs manières légitimes de comprendre une poésie, si l'on a du moins le droit d'y rêver et de la sentir selon son caprice, il n'en est pas de même pour l'esprit. Les voies ouvertes y sont moins nombreuses et, moins larges, et en général ne conduisent pas aussi loin.

Ce n'est pas qu'on ne puisse dire avec esprit des choses profondes. Seulement alors, en général, elles ne sont pas comprises. Les conditions de la vie sociale, et même de la vie mentale ne favorisent guère ce genre d'esprit. Le plaisir de l'esprit suppose une rapidité et une complexité de la pensée, une certaine disparate vite perçue, vite appréciée, instinctivement expliquée et résolue et tout cela est difficilement compatible avec le maniement des pensées vastes et profondes comme aussi des sentiments puissants. Le don de réaliser l'esprit dans la profondeur des idées et dans l'ampleur et la force des sentiments et même le pouvoir de le comprendre et de l'aimer paraît donné à peu de personnes. Il est clair qu'il doit être en rapport avec la nature des pensées et des tendances en jeu, et que ce n'est pas être « spirituel » à propos que de faire un calembour sur l'existence de Dieu ou la douleur d'une mère. Il est des cas où un certain genre d'esprit confine à la bêtise ou à la grossièreté. Même heureusement employé l'esprit choque aisément et paraît à bien des personnes incompatible avec la grandeur et la gravité de certains sujets. De là quelques-uns des reproches adressés à Pascal à l'occasion de ses *Provinciales*.

Sans s'élever à ces hauteurs où l'a porté Pascal, l'esprit peut jouer avec les sentiments les plus profonds d'une assez jolie manière. Mais il les ajuste à sa taille, et s'arrange pour que nous ne soyons pas trop émus ou inquiets, pour que nous ne prenions rien au tragique. « Je vis bien que son amour avait diminué selon le rapport de la diagonale aux deux côtés du carré », disait une dame que son amant, en la raccompagnant faisait traverser tout droit la place Vendôme, au lieu de lui en faire, comme auparavant, longer les maisons. Elle laissait supposer par là que si l'amour avait baissé chez son amant, il n'avait jamais été très ardent chez elle. L'évaluation de l'amour par des rapports géométriques est piquante, elle nous amuse, elle évoque des séries d'impressions et d'images très différentes, fort mal accordées, et pourtant associées avec quelque convenance. Mais les sentiments, les idées ainsi suggérées n'ont pas de prolongements lointains et mystérieux, nous ne les prenons pas très au sérieux. Nous serions choqués si quelque naïf voulait partir de là pour tâcher de mesurer systématiquement l'amour par des procédés de géométrie élémentaire, nous serions surpris et sans doute quelque peu choqués encore si la dame qui s'exprimait si joliment s'était tuée, par désespoir, un moment après. Son mot resterait spirituel, mais prendrait aussi une tout autre valeur. Et nous jugerions que vraiment il y a une discordance trop forte entre les deux gestes.

On peut plaisanter, faire de l'esprit sur les sujets les plus graves, sur l'amour et sur la mort. Mais il y faut plus de simplicité et d'âpreté si on les prend au sérieux, et il faut se priver alors du petit agrément que donne la suggestion d'idées complexes et contradictoires. Comme un flatteur félicitait Cromwell de la foule assemblée pour l'acclamer : « Il y aurait encore plus de monde pour me voir pendre », répondit le Protecteur. Le mot est profond, amer, il implique toute une conception de l'état des esprits, de la situation politique, du caractère de l'homme. La suggestion y est puissante et peut éveiller tout un monde d'impressions, de plus elle est

en rapport étroit avec les idées normalement éveillées
par les mots qui restent tout à fait des mots signes.
Si bien que la phrase de Cromwell finit par perdre presque
entièrement le caractère d'un trait d'esprit. Elle est aussi
cela pourtant par la condensation de la pensée, par le
nombre des pensées et des impressions discordantes
qu'elle conserve et qu'elle évoque, par la complexité
des idées suggérées et non directement exprimées
par l'opposition de ce qui est constaté et de ce qui est
hypothétiquement évoqué.

L'esprit n'a pas très souvent ce caractère. Et quand il
s'attache à des réalités comme la souffrance, la maladie,
la mort, c'est sans les prendre au sérieux. C'est que,
dans certaines conditions, nous acceptons volontiers
de prendre les événements les plus tristes par leur côté
plaisant, ou par leur côté ridicule qui ne manque guère
dans les affaires humaines, s'il y manque jamais. Ou
bien nous y découvrons des particularités vulgaires
des rapports piquants, et nous faisons abstraction de
tout le reste sans trop de difficultés, si quelque circonstance ne vient pas nous rappeler le côté sérieux et
tragique qui ne manque jamais non plus. Un fond
amer et triste, une surface grotesque, ainsi est faite une
bonne part de la vie humaine. La littérature, le théâtre
nous donnent l'attitude voulue pour rire de celle-ci sans
penser à celui-là, ou en ne nous en laissant entrevoir
que ce qui peut exalter notre joie par l'impression de
la supériorité que nous nous prêtons si volontiers. Ainsi
peut-on faire sourire et rire et faire de l'esprit avec des
situations comme celles d'Argan qui sont lamen-
tables, ou des mésaventures comme celles de M. de
Pourceaugnac qui tourneraient aisément au drame
pathétique. La suggestion qui ouvre certaines voies
à l'esprit lui en barre d'autres, mais l'effet dépend évi-

demment non seulement de la manière de présenter les événements mais des dispositions avec lesquelles ils sont acceptés. Des souvenirs personnels ou des histoires de famille pourraient rendre pénibles les plus comiques des récits. La suggestion tend à fermer certains chemins, mais certaines dispositions de l'esprit peuvent les rouvrir.

L'affection, l'amour, un sentiment vif quelconque, peuvent, d'aventure, s'exprimer d'une manière spirituelle et poétique à la fois. Certaines phrases, certaines réparties nous présentent un mélange singulier et charmant de poésie et d'esprit, de grâce et de netteté. Ajoutons, de notre point de vue, de langage signe et de langage suggestion. Telle la réponse d'une jeune femme du xviiie siècle. Elle aimait beaucoup sa belle-mère, la préférait à sa mère. Tout arrive. Quelqu'un lui demande un jour comment elle agirait si, prise dans un naufrage avec elles deux, elle n'en pouvait sauver qu'une. « Je sauverais ma mère, dit-elle, et je me noierais avec ma belle-mère. » Tous les mots ici gardent leur valeur de signes très nets, mais leur ensemble et les sentiments qu'elle éveille sont tels que la puissance suggestive en est frappante. La réponse est en même temps spirituelle, ingénieuse et émouvante. Elle indique en quelques mots de très fines et très complexes nuances de sentiments en même temps qu'elle révèle un souci assez élevé de ne s'affranchir d'aucun devoir et de rendre à chacun ce qui lui revient. Il est difficile de suggérer plus de choses en aussi peu de paroles, et de paroles aussi simples. Elle dépasse l'esprit. Par le tragique de la situation évoquée, malgré tout, avec quelque sérieux, par la profondeur, la force, la qualité des sentiments, elle justifie des impressions que le simple esprit ne connaît guère. Sans doute nous

sentons bien en tout cela une apparence de jeu, la catas-
trophe n'est pas imminente, et nous ne savons pas absolument ce qui s'y passerait. Mais c'est précisément cet
ensemble d'impressions complexe, mêlé, nuancé, subtil,
qui nous permet à la fois de nous plaire, de sourire à
ce mot, de l'admirer sans trop de trouble et d'en être
légèrement émus. Et c'est de lui que se dégage à
mon sens une sorte de poésie gracieuse, légère et pénétrante.

Edmond Rostand a recherché avec persévérance
cette union de l'esprit et de la poésie. Son œuvre est
caractéristique, et, par là, nous intéresse. Il tâche
constamment de prolonger le retentissement dans
l'âme des idées, des images, des impressions signifiées
ou suggérées et d'appliquer les procédés de l'esprit
(jeux de mots, rapprochements de termes ingénieux
et suggestifs, allusions etc.) à des situations attendris-
santes, dramatiques, pathétiques. On ne peut dire qu'il
y ait toujours heureusement réussi. Mais il serait
injuste de lui contester le mérite d'avoir atteint quelquefois un but assez difficilement accessible, surtout dans
Cyrano de Bergerac, où ses défauts mêmes l'ont servi,
où cette ingéniosité recherchée, voulue, qui est un des
caractères de la préciosité, devenait un charme par la
nature du drame, de son époque et de ses personnages.
Et il a traduit ainsi, avec bonheur en plusieurs cas,
dans un langage où l'esprit abonde, des sentiments
comme le courage, l'audace, la franchise, l'indépendance, l'amour malheureux. Rappelons simplement
la scène du duel au premier acte, la scène du balcon
au troisième, quelques fragments du quatrième, la
scène finale du dernier, et signalons en exemple, les
vers de Cyrano demandant au fifre de la compagnie
des cadets de Gascogne.

Ces vieux airs du pays au doux rythme obsesseur
Dont chaque note est comme une petite sœur,
Dans lesquels reste pris le son de voix aimées,
Ces airs dont la lenteur est celle des fumées
Que le hameau natal exhale de ses toits,
Ces airs dont la musique a l'air d'être en patois.

A vrai dire, même dans les passages bien venus, on peut souvent sentir encore une certaine gêne, une discordance, pas toujours agréable entre les images et les impressions, entre le ton et la chanson. Il semble bien que l'esprit retienne un peu l'essor du sentiment, et que le sentiment empêche d'apprécier pleinement l'esprit. L'union de l'esprit et de la poésie est facilement troublée, rarement intime ; le divorce menace toujours.

On s'en aperçoit en lisant Musset. Ses vers spirituels ne sont guère passionnés, et ses pièces passionnées ne sont en général pas du tout spirituelles. Et si les premiers sont poétiques, les secondes le sont davantage et mieux. Dans son théâtre il lui arrive de rapprocher l'esprit et la poésie, mais ils ne se rejoignent pas toujours. Assez souvent quand l'un arrive, l'autre s'en va, sans s'écarter beaucoup. Célio est passionné, mais Octave est spirituel, et leur poésie n'est certes pas la même, (on peut d'ailleurs ici préférer celle d'Octave).

Ainsi la poésie d'une part, l'esprit de l'autre apparaissent bien comme deux formes analogues et distinctes du langage suggestion, la poésie étant en somme la forme supérieure, comportant des suggestions plus larges et plus pénétrantes, plus profondes et plus puissantes. Les deux formes peuvent s'unir parfois, mais d'une manière générale les sentiments puissants et les vastes idées s'accommodent peu de l'esprit. Et les exceptions, car il y en a, sont rarement comprises et appréciées. L'esprit qui plaît, celui qui fait sourire est généralement très superficiel. A plus forte raison l'esprit qui fait rire. L'esprit capable d'émouvoir et de faire penser, passe très souvent inaperçu, en tant qu'esprit. On pourrait discerner encore des formes moins importantes, parfois des bribes, des miettes, du langage suggestion dans quelques jeux de l'intelligence qu'on peut rattacher, d'un lien plus ou moins lâche, à l'esprit.

Le calembour y tient d'assez près. Assez vulgaire souvent et parfois peu supportable, il se relève parfois assez haut. L'association de sens divers autour d'un même sens a pris à la vie de l'humanité une part qui n'est pas négligeable, si elle a contribué à créer, outre divers amusements, des religions, des philosophies, des préjugés influents [1]. Le rôle du langage suggestion y est évident, et je n'ai pas à y insister après tout ce qui précède. Les rébus, les charades, les logogriphes, tous les amusements de ce genre supposent aussi la suggestion d'un mot, d'une idée qui n'est pas exprimée directement, mais à qui les phrases ou les images proposées doivent conduire l'esprit, s'il sait les interpréter. Ces fantaisies sont assez peu importantes en général (le rébus a pourtant servi jadis à faire inventer l'alphabet), mais leurs analogies, même lointaines, avec les procédés de la poésie, de l'esprit, de l'allusion, ne sont pas sans intérêt pour la psychologie.

Remarquons enfin que, comme l'esprit, des opérations mentales, des travaux intellectuels ou autres que leur nature propre ne semble prédestiner nullement à devenir poétiques, peuvent s'imprégner de poésie lorsque, par l'effet des circonstances, ils deviennent particulièrement suggestifs, lorsque leur langage au

---

1. Cf. mon article : *Psychologie du calembour*, dans la *Revue des Deux Mondes*, 1898.

lieu d'être un simple système de signes, devient une occasion de rêver, d'impressions imprévues et prolongées, lorsqu'il a pour effet non seulement de communiquer des idées, mais d'ouvrir à l'esprit des régions nouvelles, où l'imagination, la pensée, la sensibilité de chacun peuvent errer, s'égarer même plus librement, et pour lesquelles les phrases offertes semblent nous tendre un flambeau sans les éclairer elles-mêmes. C'est en ce sens qu'on peut vanter la poésie de la science, de la philosophie, de l'industrie ou des affaires. Tout cela peut faire penser, rêver, sentir bien au delà des réalités présentes et signifiées. Les conceptions de l'atome, l'exposé des mœurs des insectes sociaux, des travaux comme le canal de Suez, le canal de Panama, la création en Afrique d'une mer intérieure, ou du chemin de fer transsaharien peuvent nous entraîner bien au delà de la signification exacte des mots par lesquels nous en prenons connaissance, nous attirer en des sens divers, selon notre nature, dans des rêves de l'imagination, de la pensée, ou de la spéculation la plus intéressée. Quant à la philosophie, elle est en bien des cas l'œuvre de poètes involontaires et inconscients, malhabiles d'ailleurs dans l'art de charmer les foules, et qui se servent souvent du langage suggestion en ne voulant, ou ne croyant employer que le langage signe.

CONCLUSION

§ 1. — Résumé. — Synthèse

a) *Le langage signe et le langage suggestion comme faits psychologiques*

Le langage est à la fois un fait psychologique et un fait social. Il m'a paru de quelque intérêt de distinguer, dans son exercice, deux grandes fonctions : la signification et la suggestion, qui d'ailleurs peuvent s'entr'aider et ne laissent pas toujours rigoureusement séparer.

Dans le langage signe les mots, les phrases, les ensembles de phrases, discours, livres, représentent des objets, des images, des idées, des sentiments, des groupes de ces divers éléments et peuvent ou doivent les faire passer d'un esprit à l'autre. Chaque signe, chaque ensemble de signes y porte son sens propre, mais un ensemble ne peut être entendu que par une synthèse bien caractérisée. Le sens de la phrase n'est pas une juxtaposition, une somme du sens des mots, le sens d'un parapraphe est une synthèse du sens des phrases, le sens d'un chapitre, le sens d'un livre sont à leur tour des synthèses plus ou moins heureusement venues. Pour avoir une idée juste du langage signe il ne faut pas oublier qu'il est une combinaison très compliquée de synthèses graduées, dont chacune conserve plus ou moins sa nature propre et son importance tout en collaborant aux synthèses supérieures. On peut comprendre tous les mots d'une phrase sans comprendre la phrase, et il n'est pas impossible de comprendre chaque phrase d'un livre sans en entendre l'ensemble. Rien n'est plus fréquent que de comprendre plusieurs mots d'une phrase, et beaucoup de phrases d'un livre sans se faire une idée du vrai sens du livre ou de la phrase. Seulement alors, on comprend souvent mal même ces mots et ces phrases, parce qu'on ne leur donne pas la valeur spéciale qui résulte pour le mot de l'influence des mots qui l'accompagnent dans la phrase et de la synthèse qui les unit tous, pour la phrase de la valeur que lui donnent les autres phrases, et l'ensemble du livre. Le langage signe est ainsi très fréquemment et de façon plus ou moins grave détourné de son but, et on peut dire qu'il ne l'atteint jamais parfaitement. Celui qui l'emploie s'en est maladroitement servi, ou celui qui le perçoit ne l'a pas bien interprété. Comme tous les esprits diffèrent, aucun d'eux ne reproduit jamais absolument les images, les idées, les sentiments d'un autre, mais il construit toujours à propos de ces états d'âme un autre état d'âme qui diffère plus ou moins de celui qui le provoque et qui lui ressemble plus ou moins, la ressemblance variant de la presque perfection à la presque nullité.

Ces mots, ces phrases mal comprises, ou incomplètement entendues ne restent pas sans effet. Elles évoquent toujours quelques idées, quelques impressions, quelques images dont l'influence va parfois se prolongeant assez loin dans l'esprit. A côté de la signification stricte, toujours abstraite à quelque degré, qui doit, en principe, être la même pour tous, la suggestion amène pour l'encadrer, la compliquer, l'enrichir, des idées secondaires, des images de détail, des impressions diverses qui, dans leur ensemble concret, n'appartiennent qu'à une seule personnalité.

Ainsi le langage signe n'est jamais parfaitement pur, encore que, en certains cas (dans les mathématiques par exemple), il ne s'écarte pas très sensiblement de la pureté. Et de même le langage suggestion ne va guère sans le langage signe. On ne suggérerait pas grand'chose d'intéressant avec des mots sans aucun sens. En tout cas ce serait là un cas extrême, un cas limite. Le fait n'est pas impossible, il ne paraît pas devoir être très fécond.

A considérer les phénomènes dans leur ensemble, on peu y distinguer deux groupes différents, reliés l'un à l'autre par des intermédiaires et par des événements de forme composée.

Le premier groupe est celui où les mots sont suggestifs par leur signification même, ou par les images et les idées qu'ils éveillent. Ils ne nous intéresseraient pas ici, n'était la variété des courants d'idées et d'émotions qu'ils déterminent selon les esprits qui les reçoivent, et selon la charge, la concentration d'images et d'impressions qu'ils portent en eux et qui différencie si nettement des synonymes, comme nous en avons vu des exemples. On aurait pu estimer que c'est ici la pensée, non le langage qui opère, la suggestion provenant du sens, de l'idée signifiée. Mais il est bien évident que l'importance des mots est capitale aussi, puisque des synonymes ont des effets de suggestion si différents et même opposés parfois, et puisque les mêmes mots ont des effets de suggestions si variables selon les personnes pour qui ils ont cependant la même signification.

Le second groupe comprend des cas très divers. Le mot y agit davantage et surtout plus visiblement par lui-même, abstraction faite de son sens. Les mots y sont moins des signes que des excitants. Si leur action ne dépassait la signification pure, elle échouerait.

Les mots et les phrases y cessent en bien des cas d'avoir un sens précis, et ce qu'ils gardent de signification n'est plus qu'un point de départ, ne fait qu'ouvrir la voie à l'esprit et ne saurait l'y guider. Les mots deviennent une occasion pour lui de rêver, de penser, d'agir, selon ses tendances. Dans les cas extrêmes, l'action du langage peut se comparer à celle de la musique. A la limite les mots cesseraient d'être des signes et chacun les interpréterait à son gré. Si cette limite ne peut guère être atteinte, on peut en approcher plus ou moins. Comparez, de ce point de vue, la règle de l'addition à une poésie de Mallarmé ou de Valéry.

Un cas assez particulier qui mériterait à lui seul une étude spéciale et que je me propose d'examiner ailleurs plus en détail est celui du changement de sens des mots sous l'influence de la suggestion, et selon les diverses associations qui viennent en accroître et parfois en préciser, en différencier la charge, et aussi la formation de sens dérivés, de sens figurés qui décèle un changement de signification arrêté et contenu dans des limites précises. Un cas extrême est celui où la signification du mot est inversée en quelque sorte, par l'influence de la forme du mot et des impressions qu'elle suggère, comme cela est arrivé plusieurs fois à *compendieusement*.

En somme, le langage signe assujettit, dans une certaine mesure, l'esprit qui le perçoit à celui qui l'emploie. Son effet est de rendre celui-là, aussi semblable que possible, au moins sur quelques points, à celui-ci. Le langage suggestion est moins impérieux, au lieu de contraindre l'esprit, il lui arrive de l'affranchir, de l'amener à développer ses virtualités cachées. Et ceci nous indique d'avance le rôle social, plus compliqué pourtant et plus varié pour chacune d'elles qu'on ne le croirait peut-être, des deux grandes fonctions du langage.

b) *Le langage signe et le langage suggestion comme faits sociaux*

Si le langage est un fait psychologique, il est aussi, et il est éminemment un fait social. Car la société a besoin à la fois des ressemblances et des dissemblances de ses membres. Elles sont la condition de leur activité coordonnée. Le langage signe et le langage suggestion tendent, chacun à sa manière, à développer les unes et les autres, et leur action normale est de la développer harmonieusement.

Le langage signe assure avec un succès plus ou moins heureux la ressemblance des esprits, en faisant passer des uns aux autres les mêmes idées, les mêmes connaissances, les mêmes principes directeurs, et aussi les mêmes sentiments. Bien des gens a-t-on pu dire n'auraient jamais été amoureux s'ils n'avaient jamais entendu parler de l'amour. Il faut que les hommes qui composent une même société possèdent un certain fonds commun de croyances, d'aspirations, de sentiments. Le langage signe n'est pas, il s'en faut, la seule force qui tende à créer, à maintenir, à développer ce fond, mais il est une des plus importantes et vient en aide aux autres. Assurément, les conditions de la vie en commun supposent, proposent ou imposent aux membres d'une même société un certain nombre de perceptions, d'idées, d'impressions, de tendances communes ou convergentes. Mais le langage signe aide singulièrement l'assimilation et l'harmonie des intelligences, des désirs et des volontés. Qu'on songe seulement aux effets de l'enseignement, de l'éducation, des conversations journalières, des lectures de livres et de journaux, on se fera une idée qui ne saurait être exagérée de l'importance du langage signe dans l'assimilation sociale. Et aussi facilite-t-il les discussions, les disputes, les procès où par lui le désaccord se précise et s'affine, et peut parfois d'autant mieux se résoudre qu'il s'est mieux précisé. Mais les cas où il subsiste nous prouvent combien nos ressemblances sont attachées à nos divergences possibles. Elles leur sont nécessaires, et on pourrait presque dire que, après deux amis, personne ne se ressemble plus que deux adversaires. Car l'opposition repose toujours sur une identité partielle et abstraite, comme une harmonie suppose toujours quelque différence et quelque opposition.

Les choses ne sont pas simples, ni les effets sociaux uniformes. Précisément parce que le langage signe tend à l'unification et favorise en somme la pression de la société sur l'individu il tend indirectement à multiplier les révoltes, les protestations, les désaccords qui sont les réactions des individus froissés et meurtris. En même temps qu'il unifie les esprits, il tend à les diviser par les réactions que provoquent des idées et des sentiments à peu près semblables proposés à des intelligences et à des sensibilités différentes.

Le langage signe est encore une occasion plus directe de divergences quand il n'est pas compris ou qu'il l'est mal. Certes, ce n'est point là sa fonction normale, mais le fait est si fréquent qu'il faut bien le mentionner et que son importance est réelle. Celles de ces divergences qui pourraient se produire pendant l'éducation de l'enfant sont souvent arrêtées assez vite. Les maîtres et les parents encouragent peu les erreurs d'interprétation. Celles qui proviennent plus tard de lectures mal comprises, de conversations, de discours, de conférences mal interprétés sont plus graves. Mais souvent elles restent individuelles, souvent aussi les esprits en qui elles naissent ne sont pas capables de les développer beaucoup. Parfois aussi, et nous en avons vu déjà des exemples, elles peuvent avoir un retentissement prolongé et de graves conséquences, utiles ou désastreuses. N'oublions pas, en ce cas, que le langage signe manque à sa fonction, par la faute de ceux qui l'emploient ou de ceux qui l'interprètent, il se rapproche du langage suggestion, il en usurpe la fonction, et en entraîne les conséquences. La fonction du langage dépend autant sans doute de ceux qui le perçoivent que de celui qui s'en est servi.

Le langage suggestion de son côté, peut aussi servir la formation d'une unanimité sociale. Les membres d'une société se ressemblent toujours un peu, ils ont en commun quelques grands sentiments, des habitudes intellectuelles et morales, des façons de sentir et de réagir. Les suggestions qui leur sont offertes, quand elles s'adressent à des parties semblables et communes des esprits, ont chance d'aboutir à des résultats analogues. Cela arrive surtout lorsque des circonstances importantes — une guerre, par exemple, un péril agricole ou industriel — orientent presque tous les esprits dans une même direction. Certes des mots, des phrases, même précises peuvent devenir le point de départ de séries d'attitudes mentales bien différentes, ouvrir à l'esprit des chemins opposés. Mais en certains cas, les influences sociales favorisées par les circonstances engageront un grand nombre d'esprits dans le même chemin. Ils s'y rencontreront, marcheront ensemble, s'exaltant ou tout au moins se maintenant l'un l'autre, et formeront un groupe relativement unanime, abstraction faite des innombrables petites divergences individuelles pour ne considérer que la direction générale. Ainsi le langage suggestion a sa part d'action dans la

formation des grands et des petits courants de sentiments, d'idées et d'activité, qu'il s'agisse d'une guerre
nationale, d'une révolution, de la naissance d'un parti
politique ou de la formation d'un groupe d'amis et
d'admirateurs de tel ou tel littérateur, Stendhal, Lau-
tréamont ou Verlaine.

Mais la ressemblance développée par le langage suggestion reste assez imparfaite, vague ou passagère,
assez éloignée de celle que donne par exemple, sur le
point spécial de son application, la connaissance de la
« règle de trois » à tous ceux qui l'ont apprise par le
langage signe. Le poète, le musicien qui cherchent à
émouvoir, tendent bien à inspirer à leur lecteur ou à
leurs auditeurs des idées et des impressions semblables,
mais ne prétendent pas à créer la même similitude de
pensée que le mathématicien qui démontre un théorème. La suggestion comporte plus de divergences et
plus de nuances. Les similitudes qu'elle crée sont plus
vagues, plus mêlées, plus mouvantes aussi et moins
définitives. Et par là le langage suggestion répond à
toute une catégorie de besoins sociaux. Il peut préparer
ou aider à sa façon toute cette immense portion de la
vie collective, comme de la vie de l'individu qui n'est
pas fixée dans quelque forme immuable ou destinée
à ne se transformer que très lentement, il peut inspirer
les innovations, les variations, les divergences individuelles, par lesquelles évolue peu à peu la vie de l'ensemble. Et si le langage signe les favorise aussi, c'est
en devenant suggestif à son tour.

Assurément le langage suggestion peut, en donnant
à des sentiments profonds et puissants l'occasion d'entrer
en action, obtenir de très grands effets, déchaîner
des enthousiasmes et des tempêtes. Mais l'activité
qu'il provoque sera plutôt une activité de foule, vio-

lente parfois, mais mal organisée, si le langage signe ne vient en régler le développement.

Le rôle principal du langage suggestif semble bien être un rôle de différenciation, de division du travail, des croyances, des sentiments. Il ne crée certes pas la diversité des esprits, mais il la développe en donnant à chacun l'occasion de penser, de sentir, d'agir selon sa nature propre. Constamment chacun de nous, consciemment ou sans s'en rendre compte, altère, élève, rabaisse, transforme ou prolonge la pensée d'autrui qui lui est transmise. L'esprit de l'individu rencontre ainsi bien des occasions de revanche contre l'âme sociale qui l'enveloppe, le forme, le contraint, l'opprime. Mais la société peut y trouver aussi son compte, utiliser plus tard les pensées et les sentiments même nés d'une réaction contre elle, s'en servir pour préciser mieux, améliorer dans les cas favorables et dégrader aussi parfois, cette mentalité qu'elle tend à imposer à tous ses membres.

Si le langage signe et le langage suggestion sont, en même temps que des faits psychologiques, des faits sociaux par leur nature et leurs effets, ils le sont aussi par les conditions générales de leur existence. Ce qui les rend possibles, c'est, dans un grand nombre de cas, ces ressemblances que la vie sociale imprime à tous les membres d'un groupe, par l'éducation et les rapports constants de ses membres. Cela est évident pour le langage signe. Mais d'autre part ces ressemblances sont le point de départ des ressemblances nouvelles que la suggestion développera, et elles sont aussi nécessaires dans une large mesure aux effets individuels de la suggestion, au développement des différences. Ce qui permet à chacun de nous de développer plus ou moins ce qui vit en lui de personnel et d'unique, c'est justement toute la partie de son âme qui lui est com-

mune avec ses compagnons de vie. C'est, particulièrement, parce qu'il connaît leur langue qu'il pourra se
servir à l'occasion des mots de cette langue pour leur
rattacher utilement d'autres impressions et d'autres
idées. Si les différences individuelles peuvent servir à
créer de nouvelles ressemblances sociales, les ressemblances sociales sont aussi, à certains égards, une aide
nécessaire aux différenciations individuelles.

Ainsi peuvent se combiner et se compléter heureusement dans une vie sociale bien réglée les deux fonctions
du langage, favorisant d'un côté l'uniformité, l'unanimité dont la vie collective ne saurait se passer, de l'autre
les divergences nécessaires qui doivent préparer une
unité nouvelle, tant que la société ne se cristallise
pas dans quelque forme définitive ou à peu près
immuable.

Ainsi se justifierait, s'il en était besoin, la coexistence
de la science, de la littérature, de la poésie, de la philosophie, ainsi s'affirme l'utilité de leurs procédés et
de leurs langages. La science emploie surtout le langage
signe, le mot de Taine rappelé plus haut est l'expression d'un esprit scientifique, le mot des Goncourt
celle d'un esprit littéraire et artiste. Sans doute la
science a continuellement transformé les idées de l'esprit humain, mais elle les transforme en imposant à
tous une même idée nouvelle, qui doit être définitive
et qui n'est nettement scientifique que pour ce qu'elle
a de définitif. Ce qui ne l'est pas n'appartient qu'à une
science imparfaite ou erronée, à une fausse science.
La science tend ainsi à consolider l'unanimité existante
par les parties du savoir déjà acquises, à créer une unanimité nouvelle par les parties du savoir qu'elle vient
de conquérir. L'art au contraire, avec la poésie, la littérature, tout en préparant certaines uniformités de pensée

de sentiment et d'action tend naturellement, par l'emploi du langage suggestion à la différenciation des esprits. Et la science y concourt aussi quand elle devient, surtout pour certains esprits, moins une obligation de croire et d'adhérer qu'une occasion de rêver, de penser, de chercher autre chose, quand les signes qu'elle emploie sont le point de départ de suggestions imprévues.

Quant à la philosophie, son rôle est peut-être essentiellement double. Elle a des prétentions à la nature scientifique. Elle use du langage signe et c'est ce que je tâche de faire ici. Elle pense enseigner des vérités très précises, et je dois croire qu'elle y arrive parfois, et chaque philosophe pense volontiers qu'elle y parvient au moins dans ses écrits. Mais en même temps elle a certainement une sorte de valeur d'art. Son langage signe se transforme souvent, en dépit des désirs et des prétentions du philosophe qui l'emploie en langage suggestion. Il ne rencontre pas, dans les autres esprits une matière aussi docile que la science. Les phrases du philosophe sont difficiles à comprendre, ses idées plus difficiles à accepter. Elles soulèvent peut-être plus d'opposition que les idées scientifiques, et, en tout cas des oppositions plus irréductibles, car la vérification expérimentale y est généralement impossible. Elles engendrent plus de divergences, prêtent à des interprétations plus variées. Et d'ailleurs les idées scientifiques ou prétendues telles reçoivent à peu près les mêmes caractères lorsque par leur généralité, leur indépendance, leur caractère, systématique, aventureux, ambitieux, elles se rapprochent des idées philosophiques au point, quelquefois, de ne pouvoir s'en distinguer. Les théories de Darwin, de Claude Bernard de Poincaré, d'Einstein et de bien d'autres en fournissent des exemples que chacun connaît. Et le langage signe y devient indirectement un langage suggestion très fécond.

Naturellement, les deux fonctions du langage sont loin de collaborer toujours harmonieusement. La langue était déjà pour Esope ce qu'il y a de meilleur au monde et ce qu'il y a de pire, et les forces sociales ressemblent toujours plus ou moins au sabre fameux que Joseph Prudhomme acceptait « pour défendre nos institutions et au besoin pour les combattre ». Ni l'une ni l'autre des deux fonctions que nous avons examinées ne remplissent bien leur office et leurs organes restent aussi bien imparfaits.

Le langage signe assure souvent une unanimité peu souhaitable, d'autres fois il favorise des dissidences, ou bien il reste trop incompris et risque d'amener des divergences intempestives dangereuses. Il encourage et favorise les conceptions antisociales tout aussi bien que les autres, dès qu'elles ont commencé à vivre. Il est dans l'humanité comme une hache aux mains d'un enfant, il peut être, comme le voulait Esope, ce qu'il y a de meilleur et ce qu'il y a de pire. Mais si l'instrument devient surtout redoutable par la maladresse de ceux qui s'en servent, il n'est pas lui-même sans défauts, ayant été fait par eux et restant en somme une partie d'eux-mêmes. Il est loin d'avoir toujours les qualités de rigueur et de précision qu'on voudrait.

Le langage suggestif dont le mécanisme est plus compliqué garde bien des défauts aussi, et se voit bien mal employé. Il suscite bien des rêveries vaines et devient une cause fréquente de perte de temps, d'un temps perdu qu'il ne vaut pas la peine de rechercher. Par ailleurs ses effets sont forcément incertains, extrêmement variables, vu la complexité des conditions de la vie sociale, des différentes mentalités individuelles qu'il va rencontrer, et des influences qu'exerceront sur son fonctionnement les divers groupements qui se combinent et s'entre-croisent dans nos sociétés humaines.

Mais aucune tendance psychologique, aucune fonction sociale n'est parfaite. Dans la vie tumultueuse de l'humanité le langage signe et le langage suggestion n'en ont pas moins leur rôle nécessaire dont j'ai tâché ici d'analyser les conditions et d'indiquer sommairement les effets.

§ 2. — LA JOIE DE LA CONTRADICTION

Le jeu des grandes lois de l'association systématique et de l'inhibition dans la double fonction du langage est mis en assez bonne lumière par tout ce qui précède pour que je n'aie pas à y insister. Mais il est un autre caractère général des faits humains et même de toute réalité, dont la forme particulière peut prendre ici quelque intérêt. C'est la contradiction, où se montre encore d'ailleurs l'association systématique et qui se rattache bien nettement à l'inhibition.

Un des traits du langage suggestion, dans ses formes les plus caractéristiques au moins, et les plus importantes, c'est justement qu'il éveille des impressions, des idées disparates, plus ou moins contradictoires. Il se distingue encore en cela du langage signe qui, quoiqu'il puisse être employé à communiquer des idées contradictoires, n'est point, par sa nature propre, producteur de contradiction. La nature du langage suggestion, au contraire, le condamne à en provoquer. Il doit éveiller simultanément deux ou plusieurs systèmes d'impressions et d'idées qui s'opposent plus ou moins, et dont les uns correspondent aux mots perçus et compris en tant que signes, tandis que les autres sont suscités et dirigés en des sens différents par les associations diverses qui donnent à ces mots leur force suggestive. Ce que suggère le langage s'oppose toujours plus ou moins directement à ce qu'il signifie.

La contradiction est assez peu apparente et reste en fait assez faible dans les cas extrêmes. Tout d'abord lorsque la suggestion est involontaire et résulte d'une méprise. Mais le caractère suggestif du langage est alors peu développé, et entièrement fortuit. Le faux sens y étouffe immédiatement le vrai, ou même ne le laisse pas apparaître, et la contradiction n'a pas le temps de se développer ou même d'être sentie. Le langage suggestif ici n'est qu'un langage signe dévié, les mots sont bien acceptés comme des signes, mais ces signes sont mal interprétés. Le cas limite est celui où ils sont mal entendus. La suggestion peut y disparaître en somme à peu près complètement.

La contradiction spéciale que je veux signaler ici ne se produit guère non plus quand la suggestion est à son maximum, quand les mots cessent presque ou tout à fait d'être des signes, quand ils ne sont employés que pour donner à celui qui les perçoit une occasion de rêver, de penser, de sentir à sa guise. Sans doute il se produit encore ici des états d'âme qui peuvent se contrarier et se combattre l'un l'autre, et cela est inévitable puisque rien n'existe que par l'identité et par l'opposition à la fois, par le « même » et par l' « autre »[1]. Mais ce genre de contradiction ne présente rien de spécial.

La contradiction propre au langage suggestif apparaît au contraire quand les phrases, sans cesser d'être des signes, sont en même temps des excitants, éveillent

____

1. Voir à ce propos *Le mensonge du monde.*

des pensées qui ne sont pas directement signifiées. Alors un double courant d'idées s'établit, et les systèmes psychiques mis en activité sont à la fois unis et différents, associés et opposés. Les calembours, les mots d'esprit que nous avons rencontrés çà et là au cours de cette étude nous montrent le fait sous sa forme la plus simple. Nous le retrouvons dans l'allusion, l'image, la métaphore (quand elle n'est pas devenue trop habituelle et qu'elle n'a pas cessé d'être réellement une métaphore), dans tous les procédés que nous avons examinés ici. Une forme, adoucie de la contradiction anime cette sorte d'indécision de l'esprit où le plongent la poésie, la rêverie qui flotte sans s'arrêter à une forme précise, les impressions complexes, un peu troubles, subtiles, plus ou moins confuses et mêlées qui l'accompagnent. Tout cela s'oppose nettement à la systématisation nette où tend le langage signe.

Et tout cela dérive bien de la nature essentielle du langage suggestion volontairement utilisé, ou accidentellement produit. Il ne tend pas à donner à l'esprit une attitude fixe et nette, mais à solliciter en lui une activité plus diverse, plus personnelle, plus complexe, moins strictement unifiée, et par cela même plus riche en contradictions.

Les effets de ces contradictions seront d'apparence diverse, mais ils illustrent le rôle d'un certain degré d'opposition dans la naissance du plaisir. Le langage suggestion est agréable par lui-même et directement, d'un agrément différent de celui du langage signe, plus purement intellectuel, plus voisin aussi du fonctionnement automatique. Assurément on peut employer le langage suggestion à faire naître en autrui des idées et des émotions pénibles, mais ce langage n'en est pas moins par lui-même une cause de plaisir, — plaisir

qui peut passer inaperçu, lorsque l'esprit est trop inté-
ressé par les pensées suggérées pour apprécier, même
instinctivement, les conditions qui les lui amènent.

L'effet essentiel du langage suggestion dans les cas
examinés maintenant, c'est la production de deux ou
plusieurs courants d'idées et d'impressions qui ne se
confondent pas, qui divergent plus ou moins. Lorsque
les courants différents divergent trop, lorsqu'ils ne
restent unis que par des liens fortuits, ne s'associent
pas pour une fin commune, la force nerveuse et mentale
dégagée ne trouve pas à s'employer utilement, elle
se dépense en diverses manifestations, comme le rire par
exemple. C'est ce qui arrive quand un calembour
suggère des idées et des impressions qui ne peuvent
s'accorder, lorsque le sens suggéré n'a rien à voir avec
le sens vraiment signifié et ne tend même pas à se substituer à lui. Mais tout le monde ne rit pas d'un calembour, même en le comprenant. L'excitation moins
sensible et parfois à peu près nulle se dépense alors
en sourire, en haussement d'épaules accompagnés
d'une série de pensées indulgentes, dédaigneuses, d'ob-
servations et de réflexions, et cela n'est généralement
pas désagréables, sauf lorsque quelque habitude
quelque goût, quelque principe est vivement choqué
par le fait même du calembou. ou par la prétention,
la maladresse de celui qui l'a émis. Pareillement et avec
plus de finesse, lorsqu'un jeu de mots vraiment spirituel,
une allusion un peu voilée, une métaphore neuve déclen-
chent dans l'esprit deux groupes de pensée différents,
cette richesse inattendue donne un plaisir si le heurt
n'est pas trop fort, un plaisir plus grand si, comme il
arrive quand l'allusion est de bonne qualité, l'esprit
établit des relations entre les deux groupes et les unifie
en les casant dans quelques idées et quelques impres-

sions d'ensemble, quand aussi cette union des deux groupes éveille de nouvelles idées et de nouvelles impressions, et enrichit encore l'état mental.

La contradiction dont il s'agit ici n'est pas la contradiction logique. Celle-ci, n'est, du point de vue psychologique, qu'un cas idéal de l'opposition des idées et des tendances. C'est le cas où le rejet d'une des deux idées présentées à l'esprit apparaît comme une sorte de devoir à qui veut bien penser et aussi bien agir. Le devoir n'est pas toujours accompli, et il arrive souvent, comme on sait, que l'esprit admet à la fois des opinions, des croyances, des pratiques contradictoires. D'autre part il arrive aussi très souvent que des tendances et des idées luttent et que l'une empêche l'autre de subsister sans qu'il y ait entre elles aucune contradiction logique ou morale au sens strict, mais elles ne peuvent toutes deux à la fois occuper l'esprit et s'y développer à l'aise.

Les suggestions que produisent l'art ou la poésie offrent ainsi à l'esprit de multiples avenues. Il ne peut s'engager dans toutes à la fois, mais il peut à la fois, ou presque à la fois, et sans choisir encore définitivement entre elles en admirer les perspectives et en apprécier l'agrément. Et de leur multiplicité, et de cette illusion passagère de liberté qui le flatte un moment, se dégage un plaisir subtil et délicat, d'autant plus pénétrant qu'on le sent peu durable, menacé. On le sait trompeur et qu'il ne pourra jamais réaliser tout ce qu'il laisse entrevoir, et qu'il semble promettre. C'est le plaisir de la possibilité, le plaisir de la « puissance » en somme, et les différents sens de ce mot se rejoignent ici. Ce sentiment de puissance et de liberté donne une unité relative à ces pensées divergentes et plus ou moins opposées, elle les associe en une même impression qui résulte précisément de ce qu'elles coexistent et de ce qu'elles ne sont pas conciliables, de ce que quelques-unes d'entre elles, sinon toutes, seront forcément abandonnées avant de s'être affirmées.

La contradiction est aussi un enrichissement pour l'esprit, quand elle n'atteint pas un certain degré, ne provoque pas une sorte de guerre civile, quand elle ne heurte pas de façon trop sensible et trop menaçante des croyances ou des sentiments enracinés et chéris. Quelque contradiction est nécessaire d'ailleurs à la systématisation et l'unisson est une pauvre harmonie, encore n'est-il jamais tout à fait pur. C'est pourquoi il existe dans certaines conditions une joie de la contradiction créatrice d'une harmonie moins pure mais plus complexe. Elle procure alors ce plaisir de l'intelligence et des sentiments qui vont réunir des éléments encore distincts, mais capables de collaborer à une activité psychologique éphémère ou durable, au moment où leur diversité un peu disparate commence à s'atténuer, où les éléments psychiques s'attirent déjà, dirigés par des pensées organisées, essayent de s'engager en des groupes nouveaux, où des dissociations subtiles préparent des alliances imprévues, idées nouvelles, sentiments encore inéprouvés. Toutes ces conditions de la joie de la contradiction, le langage suggestif les rassemble assez souvent.

TABLE DES MATIÈRES

Fontenay-aux-Roses. — 1928.
Imp. des *P. U. F.* — Louis Bellenand. — 1.164.